스트레스는 어떻게 삶을 이롭게 하는가

스트레스는 어떻게 삶을 이롭게 하는가

질병, 고통, 우울의 원인으로 지목받는
스트레스에 대한 새로운 탐구

우르스 빌만 지음

장혜경 옮김

STRESS Ein Lebensmittel

시심

인간의 진화와 발전에
커다란 영향을 미친 스트레스의 매력

2016년 초 독일 여론조사기관 포르사가 올해의 소망을 물은 결과 독일인의 62퍼센트가 "스트레스 없는 생활"이라고 답했다. 이토록 많은 사람이 입을 모아 한 가지 소망을 말하는 경우는 좀처럼 없다. 통계만 봐도 사람들이 원하는 것은 오직 스트레스를 줄이는 것밖에 없는 듯하다.[1]

스트레스는 인기가 없는 수준을 넘어 추방 대상으로 전락한 지 오래다. 한때 "I hate stress"라고 적힌 티셔츠 컬렉션이 유행했고 같은 이름의 페이스북 페이지도 있다. 심지어 스트레스를 협박 목적에 이용하기도 한다. 2015년 함부르크의 샨첸호프에서 임대인들이 치솟는 집세 때문에 쫓겨날 상황에 처하자 집단적으로 항의했다. 그들이 내걸은 커다란 현수막에는 이런 글이 적혀 있었다.

"우리를 내쫓으려면 엄청난 스트레스를 각오해야 할 걸!"

스트레스는 자타가 공인하는 불쾌한 녀석으로 그 이미지가 계속 나빠지고 있다. 서점에 들어가 스트레스 관련 책을 찾아보면 이런저런 자기계발서가 하나같이 스트레스를 쫓아주겠다고 약속한다. 스트레스가 무슨 악마라도 되는 것처럼 말이다. 이는 우리가 스트레스라는 신체 반응이 어디에 유익한지 모르기 때문이다.

스트레스를 말할 때 우리는 흔히 심리적 과부하 단계를 떠올린다. 그뿐 아니라 스트레스를 과부하 그 자체와 과부하에 따른 반응을 동시에 지칭하는 말로 쓰기도 한다. 이를테면 '일은 스트레스다'와 '일을 하면 스트레스를 받는다'라는 말이 둘 다 가능하다.

하지만 그것은 스트레스의 정확한 정의가 아니다. 우리가 일상에서 경험하는 모든 형태의 스트레스는 다음과 같이 정의할 수 있다.

"스트레스는 스트레스 시스템을 활성화하는 것이다."

하나의 생명이 다른 생명체를 먹고사는 자연에서 이러한 '활성화'는 대부분의 유기체가 짧은 시간 동안 보이는 단기적 반응이다. 영양은 이 '활성화'로 능력을 키워 달려오는 치타의 이빨과 발톱을 피한다. 미국의 스트레스 전문가이자 스탠퍼드 대학교 신경학자인 로버트 새폴스키Robert Sapolsky는 이런 결론을 내렸다.

"지구에 사는 모든 종의 99퍼센트에게 스트레스는 사바나에서 경험하는 3분 동안의 충격과 같다. 시간이 지나면 그 스트레스는 저절로 사라진다. 아니면 당신을 데리고 사라진다."

문명의 중심에 선 인간의 환경은 계속해서 변해왔다. 인간을 잡아먹던 맹수들이 사라진 까닭에 인간의 스트레스 경험은 들판을 달리는 짐승의 그것과는 다르다. 우리의 스트레스 단계는 주, 월, 년의 시간 단위에 맞춰 변하고 그 원인은 매우 복잡하다. 대개는 임박한 마감, 상사, 손님맞이 식사 준비처럼 구체적인 실체가 없다. 그러다 보니 단기 스트레스 반응의 감각을 잃고 무작정 스트레스는 나쁘고 지속적으로 건강을 망가뜨린다는 기묘한 생각을 하게 되었다.

그건 틀렸다. 우리가 떠나온 야생은 우리에게 다른 말을 한다. 성공의 역사를 이어온 스트레스 반응은 동식물을 가리지 않고 개체를 보호한다. 갑자기 활성화한 스트레스 시스템 덕에 영양은 냅다 달려 안전한 곳으로 피한다. 식용달팽이 에스카르고는 중금속 오염에 적응해 더 큰 면역력을 갖추었다.[2] 애벌레가 식물을 공격하면 스트레스를 받은 식물은 칼슘 이온을 이용해 서로 소통하면서 방안을 모색하고 저항력을 키운다.[3] 심지어 사상균(실처럼 생긴 곰팡이, 효모, 버섯류 따위의 미생물을 통틀어 이르는 말 ― 옮긴이) 유로튬 루브럼Eurotium rubrum도 소금 농도가 엄청나게 강한 사해에서 적대적 환경에 적응해 살아남았다. 적절한 스트레스 반응을 이용해서 말이다.[4]

그런데 아이러니하게도 창조의 왕이라는 인간이, 자부심에 취해 문명을 일궜노라고 떠드는 우리 인간이 신체 능력과 사고력을 높여주는 생물학적 도구인 스트레스를 마치 악마 대하듯 한다. 다시 말해 위험을 막아주는 스트레스를 오히려 무찔러야 할 적군이라고 생각한다.

그 오해가 너무 깊다 보니 많은 현대인이 스트레스가 얼마나 저항력을 키워주는지 알지 못한다. 물, 사상균, 영양과 마찬가지로 스트레스는 인간의 삶을 구하고 건강을 돕는다. 더구나 스트레스를 사랑하지 않는다는 우리의 주장은 가짜다. 극장이나 놀이공원에 한번 가보라. 아마 당신과 같은 목적으로 그곳을 찾은 수많은 동지를 만나리라. 스트레스보다 더 우리의 열정에 불을 지피는 것은 없다.

나는 스트레스를 둘러싼 각종 오해를 파헤치려고 이 책을 썼다. 이 책을 쓰기 위해 나는 사회 곳곳을 찾아다녔고 대중

스포츠가 열리는 축구장에서도 스트레스 문화의 성분을 탐색했다. 스트레스 연구자의 실험실에서는 내 부하 능력의 한계치를 측정하는 스트레스 테스트를 받았다. 연구자들은 왜 스트레스가 신체를 단련하고 면역계를 강화하며 사고력을 높이는지 설명해주었다. 알고 보니 스트레스는 건강에 해로운 만성 스트레스까지 막아주는 최고의 무기였다.

이 책을 쓰기 시작한 지 얼마 지나지 않아 나는 〈디 차이트 Die Zeit〉의 두 기자가 쓴 기사를 읽었다. 그것은 육아와 직장생활을 병행하기가 얼마나 힘든지 고백한 내용이었다. 한 구절을 인용해보면 이렇다.

"시간에 쫓기고 압박감과 부담이 심한 것도 문제지만, 스트레스에 따른 여러 증상도 그에 못지않게 견디기 힘들다. 스트레스를 받아 성격이 까칠해지고 살도 찌고 있다. 낯빛이 좋지 않고 피곤한 데다 가끔은 숨이 가쁘고 신경이 곤두선다. 그리고 무엇보다 멍청해진다."[5]

이제 나는 스트레스를 다른 관점으로 살피지 않으면 그것을 활용할 수 없다는 것을 안다. 내가 아는 스트레스는 성격을 까칠하게 만들거나 살찌게 하지 않는다. 반대로 스트레스는 명랑하고 날씬하게 만들어주며 불그레한 볼과 넘치는 에너지를 선사한다. 무엇보다 스트레스는 우리를 건강하고 느긋한 사람, 총명하고 똑똑한 사람으로 만들어준다.

자료를 조사하면서 나는 인간의 진화와 발전에 커다란 영향을 미친 스트레스의 매력에 푹 빠졌다. 스트레스가 아니었다면 인간 종種이 탄생하지 못했을 정도로 우리 삶에서 스트레스가 등장하지 않는 분야는 거의 없다. 직장, 주식시장, 유치원, 운동장에 있을 때는 물론 여가시간을 보내거나 사랑을 할 때도 스트레스는 항상 우리 곁에 있다. 그곳에서 스트레스는 우리의 능률과 행복과 건강을 보살핀다.

물론 스트레스는 병을 주기도 한다. 그렇지만 그것은 우리가 스트레스를 잘못 사용했을 때뿐이다. 결코 그 자체가 질병의 원인은 아니다. 스트레스를 밋밋한 일상의 양념으로 생각할 이유는 많다. 장담하건대 스트레스는 인생에서 만나는 가장 멋진 선물이다.

차례 ㅇㅇㅇ

1장

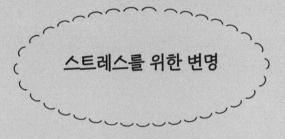

스트레스를 위한 변명

1

스트레스를 사랑해야 하는 이유

덜컹거리며 움직여야 할 열차가 쥐죽은 듯 고요하더니 몇 초 후 스피커에서 사과 방송이 흘러나왔다.

"배차 문제로 몇 분간 정차하겠습니다."

당신의 뇌가 서서히 현실을 자각하면서 갈아타야 할 전철을 놓쳐 약속시간을 지키지 못할 거라는 생각이 떠오른다. 그 순간 당신은 혈압이 치솟는 것을 느낀다. 또 관자놀이의 맥박이 뛰기 시작하고 신경질이 나면서 땀이 솟아난다.

이때 당신은 마음을 고쳐먹고 즐겁게 지금 면역계 활성화를 훈련하는 중이라고 생각하는 편이 낫다. 이 훈련은 건강에 아주 유익하다. 혹시라도 최근 외과수술을 받았다면 그 순간 상처 회복이 촉진될 것이다. 나아가 세포의 노화 과정 억제, 수명 연장, 알츠하이머와 피부암을 예방하기까지 한다. 한마디로 이 '스트레스 반응'으로 일종의 웰빙 프로그램을 실천하는 셈이다.

⌒⌒⌒ 죽이기 위해서가 아니라 돕기 위해서

오랜 세월 "만병의 근원은 스트레스"라는 전문가들의 고견을 들어온 사람은 당연히 스트레스를 '건강의 적'으로 생각한다. 누군가는 스트레스를 받으면 심혈관질환을 앓는다는 잡지 기사를 읽고 스트레스를 적으로 여겨 삶에서 몰아내기로 작정했을지도 모를 일이다.

그런 사람은 잠시 정차한 전철 안에서 스트레스 때문에 무진 스트레스를 받으며 스트레스의 유익한 작용을 망가뜨리기 위해 안간힘을 쓸 것이다.

그러나 스트레스를 사랑해야 할 이유는 아주 많다. 캘리포니아 스탠퍼드 대학교 정신병리학과 교수 피르다우스 다바르 Firdaus Dhabhar도 그렇다고 말한다. 신경면역학자이자 암 연구가인 그는 스트레스가 건강의 적이 아니라 질병을 막아주는 효율적인 방어선이라고 강조하며 스트레스의 명예 회복을 위해 애쓰고

16

있다. 그는 말한다.

"어머니 자연이 우리에게 스트레스를 선사한 것은 우리를 죽이기 위해서가 아니라 우리를 돕기 위해서입니다."

다바르는 인간이 타고난 태곳적 경고 프로그램이 우리가 생각하듯 아무짝에도 쓸모없는 낡은 짐은 아닐 거라고 오래전부터 추측해왔다. 그러다가 2009년 그는 스트레스가 암 예방에 도움을 주지 않을까 싶어 쥐를 이용해 실험을 시작했다. 우선 60마리 쥐에게 4~6주 동안 아홉 번에 걸쳐 10분간 강한 자외선을 쏘았다. 그 고문을 가하기 전에 그중 절반의 쥐는 2시간 30분 동안 좁은 플렉시 유리관에 가둬 스트레스를 받게 했다.

그런데 흥미롭게도 스트레스 연구자들이 지금까지 진실이라 주장한 것과 정반대의 결과가 나왔다. 그들은 스트레스가 면역계 기능을 떨어뜨리고 위궤양을 일으키며 암을 유발하거나 심지어 목숨을 앗아간다고 주장했다.

그렇지만 그들은 가장 중요한 세부적인 사실을 언급하지 않았다. 스트레스를 비난하는 사람들은 흔히 '장기 스트레스' 결과를 근거로 삼는다는 것을 말이다. 실제로 스트레스가 몇 분간, 최대 몇 시간 정도 지속되면 전혀 다른 결과가 나타난다. 다바르는 쥐 실험으로 그걸 밝혀냈다.

거의 모든 쥐가 자외선을 쬐고 난 후 피부에 악성종양이

어머니 자연이 우리에게
스트레스를 선사한 것은 우리를 죽이기 위해서가
아니라 우리를 돕기 위해서다.

생겼다. 하지만 유리관에 들어가 스트레스를 잔뜩 받은 쥐들은 암 발생 시점이 훨씬 뒤였고 발생한 종양의 숫자도 더 적었다. 과학 전문지 〈뇌, 행동, 면역Brain, Behavior, and Immunity〉에서 다바르는 그 이유가 "급성 스트레스가 유기체의 보호 메커니즘을 흔들어 깨운 것이다"라고 말했다.[6]

그러나 암이 발생한 쥐의 숫자를 세는 것으로는 증거가 너무 빈약했다. 연구진은 한 걸음 더 나아가 왜 자외선의 해악이 쥐마다 다르게 미쳤는지 그 이유를 추적했다. 정기검진으로 쥐의 신체가 어떻게 면역력을 키워 나가는지 살펴본 것이다. 그 결과 스트레스를 받은 집단의 혈액에 경고 물질이 훨씬 더 많다는 사실을 발견했다. 이들의 혈액에는 염증을 억제하는 인터류킨Interleukin, 바이러스와 암세포를 막아내는 인터페론Interferon, 신체 내에서 적군과 싸우는 케모카인Chemokine이 다량 존재했다.

케모카인은 떠도는 면역세포가 조직 내의 올바른 장소로 향하도록 도와주는 신호 단백질이다. 그런데 다바르와 그의 동료들은 쥐의 피부에서 케모카인이 열심히 일해 거둔 결실을 찾아냈다. 특히 이들은 쥐의 피부에서 월등하게 많은 T림프구(줄여서 T세포)를 발견했다. 이 백혈구들은 면역계의 최전방에서 암세포와 다른 병원균들을 무찌르는데, 이것이 스트레스를 받지 않은 쥐보다 스트레스를 받은 쥐의 피부에서 훨씬 더 효율적으로 활동했던 것이다. 다바르는 이렇게 추측했다.

"스트레스를 받은 집단에서는 암으로 변질된 세포가 보다 효율적으로 제거되었을 겁니다."

이 연구 결과는 스트레스의 생명 구조 기능을 부인해온 의학자들의 주장을 반박하기에 충분했다.

"스트레스의 긍정적 기능은 늘 과소평가를 받았습니다. 스트레스를 무조건 나쁘게만 생각했기 때문이지요."

또한 다바르는 단기 스트레스가 상처도 치유한다는 사실을 여러 차례 입증했다. 우리가 부상을 당하거나 수술을 받으면 인체는 백혈구를 징병해 사건 현장으로 파견한다. 즉, 단기 스트레스는 백혈구 숫자를 늘린다. 다바르는 〈국립 과학아카데미 의사록 Proceedings of the National Academy of Sciences〉에서 "단기 스트레스는 수술 중 혹은 감염 후의 면역 방어력을 높인다"라고 주장했다.[7] 그는 다른 질환 가령 마른버짐, 관절염, 다발성경화증 등의 염증질환과 자가면역질환에도 스트레스가 효과가 있다고 확신한다. 실제로 예방주사를 접종하기 전 에르고미터 ergometer(체력이나 작업 능력을 평가하는 측정 장치 — 옮긴이)에 올라 검사를 받거나 수학문제를 풀어 스트레스를 받은 사람이 그렇지 않은 사람보다 면역수치가 더 높았다. 다시 말해 예방 접종의 효과가 더 컸다.

무엇이 그들을 무덤으로 데려갔나

스탠퍼드 대학교 건강심리학자 켈리 맥고니걸_{Kelly McGonigal}은 얼마 전까지만 해도 늘 사람들에게 스트레스를 피하라고 조언해왔다. 스트레스가 감기와 심혈관질환 등 여러 가지 질병의 근원이므로 무슨 수를 써서라도 피해야 한다고 말이다. 그런데 1998년의 어느 날 국립 보건통계센터의 보고서를 본 그녀는 자신의 생각이 완전히 틀렸다는 것을 깨달았다. 당시 이 센터는 미국의 성인 2만 9,000명을 대상으로 얼마나 스트레스에 노출되었는지, 스트레스를 극복하기 위해 얼마나 노력하는지 설문조사를 실시했다. 한마디로 이들이 묻고 싶어 한 질문은 이것이었다.

"스트레스가 건강에 해롭다고 생각합니까?"

그로부터 8년 후 위스콘신 매디슨 대학교 연구진은 사망 신고서를 뒤져 당시 설문조사에 응한 사람들 중 이미 세상을 떠난 사람이 누구인지 조사했다. 그 결과는 뜻밖이었다. 스트레스가 심하다고 응답한 사람들의 사망률이 그렇지 않은 사람에 비해 43퍼센트나 더 높긴 했으나[8] 이 수치는 응답자의 일부에 한정된 것이었다. 여기에 속하는 사람들은 스트레스가 심하다는 응답과 함께 스트레스가 건강에 해롭다고 답했다. 스트레스가 심하지만 크게 걱정하지 않는다고 대답한 사람들의 사망률이 제일 낮았다. 즉, 이들의 사망률은 스트레스를 별로 받지 않는다고 대

스트레스가 심하지만
크게 걱정하지 않는다고 대답한 사람들의
사망률이 제일 낮았다.

답한 사람들보다 오히려 더 낮았다.

근거 없는 불안이 그들을 무덤으로 데려간 것일까? 연구자들은 이런 식의 연구로는 스트레스와 그것에 관한 우려가 죽음의 원인이라는 사실을 입증할 수 없다고 강조한다. 통계 자료에서 그 상관관계를 찾아내 구체적으로 지칭하려는 노력은 껄끄러운 문제다. 그럼에도 불구하고 켈리 맥고니걸은 TED 강연에서 둘의 확실한 상관관계를 주장했다.[9] 국립 보건통계센터의 통계치를 미국 국민의 숫자에 대입해보면 연간 2만 명 이상이 스트레스가 유해하다는 믿음 때문에 사망하는 꼴이라고 말이다.

"이 수치가 정확하다면 스트레스가 건강에 해롭다는 믿음은 사망원인 15위를 차지합니다. (…) 이것이 피부암, 에이즈, 살인보다 더 많은 사람이 사망하는 원인이지요. 이 연구 결과를 보고 제가 충격에 빠진 이유를 이제 여러분도 아실겁니다."

켈리 맥고니걸은 저서 《스트레스의 힘》[10]에서 왜 스트레스가 유익하다는 주장을 하게 되었는지 상세하게 설명한다. 그녀의 관점에서는 무엇보다 스트레스를 바라보는 자세가 중요하다.

대학생을 대상으로 실험을 실시한 하버드 대학교 연구진도 그녀와 같은 입장을 보인다.[11] 연구진은 실험 참가자에게 무관심으로 일관하는 청중 앞에서 자신의 약점을 주제로 연설하도록 한 후 다시 어려운 수학문제를 풀게 했다.

이때 실험 전에 일부 참가자에게 스트레스를 긍정적으로 활용하는 방법을 가르쳤다. 실험을 진행하면 맥박이 빨라지고 호흡이 가빠지거나 땀이 흐를지도 모르지만 그것을 불안의 증거가 아니라 몸에 에너지가 넘친다는 증거로 받아들이라고 가르친 것이다.

실제로 가르침을 받은 참가자는 훨씬 더 자신감이 넘쳤고 스트레스를 덜 느꼈다. 물론 이들도 맥박이 빨라진 것으로 보아 스트레스를 받긴 했다. 그러나 두 집단의 차이는 확연했다. 사람은 보통 스트레스를 받으면 심장이 빨리 뛰기도 하지만 혈관이 좁아지는데, 이것이 만성 스트레스가 심혈관질환을 유발하는 이유다. 혈관이 좁아지면 심근경색 위험이 높아지는 것이다.

한데 스트레스가 유익하다는 사실을 알게 된 참가자들은 맥박은 높아졌지만 혈관은 수축되지 않았다. 스트레스가 제공한 각종 장점은 유익하게 활용한 반면 건강을 해치는 단점은 예방한 셈이다. 결국 스트레스를 어떻게 생각하느냐는 무척 중요하며 그 생각의 결과는 몸으로도 확인이 가능하다.

켈리 맥고니걸은 스트레스를 바라보는 자세와 그에 따른 '생물학적 변화'가 큰 차이를 만들어낸다고 추측한다. 그녀는 "스트레스에 따른 심근경색으로 쉰 살에 생을 마칠지 아니면 아흔 살까지 건강하게 살지"[12]는 자세에 달려 있다고 했다.

스트레스를 어떻게 생각하느냐는
무척 중요하며 그 생각의 결과는
몸으로도 확인이 가능하다.

최근 이와 비슷한 주장을 하는 연구 결과가 여럿 등장했다. 2012년 다바르는 단기 스트레스가 면역계를 강화하는 것은 물론, 반복적으로 훈련할 경우 스트레스가 중장기적으로도 건강에 더 유익하다는 사실을 입증했다.[13] 그는 우리가 스트레스를 받으면 전쟁이 일어나기 전에, 그러니까 몸이 해를 당하기 전에 미리 '병영'을 나온 면역세포들이 혈관의 길을 달려 '침입자들'을 찾는 과정을 설명했다. 스트레스를 받을 경우 우리 몸은 피부, 얼굴 등 면역세포가 필요하리라 예상하는 곳으로 그것을 미리 보낸다. 부상당할 위험이 가장 큰 곳이기 때문이다. 모든 잠재적 전쟁터로 더 많은 방어병, 더 많은 화력을 파견하는 셈이다.

◠◠◠ 과학이 증명한 것들

스트레스의 활약은 면역계 활성화로 그치지 않는다. 호르몬의 강물은 심지어 우리의 생각마저 바꾼다. 그래봤자 부정적인 생각일 거라고? 스트레스를 받는데 좋은 생각이 날 리 있겠느냐고? 누군들 학창 시절에 시험지를 받고 머리가 하얘지던 경험이 없겠는가? 다 알던 답이 갑자기 하나도 생각나지 않는 증상의 책임은 실제로 스트레스에 있다. 하지만 그것 역시 우리를 위한 것이다.

뇌는 어려움에 처하면 알고리즘이나 카이사르가 살해된 날짜를 떠올릴 여력을 상실한다. 대신 뇌는 가장 중요한 것에 집중한다. 다시 말해 지금 당장, 그리고 앞으로의 생존에 필수적일지도 모를 정보를 처리하는 데 사고기관의 모든 힘을 모은다.

인지 행동을 연구하는 보훔 대학교 인지심리학자 올리버 볼프Oliver Wolf는 뇌에 '부담을 줄 경우' 우리의 기억이 더 오래 유지된다는 사실을 입증했다.[14] 그 이유는 스트레스 호르몬인 코르티솔이 편도체와 장기 기억을 담당하는 해마를 자극하기 때문이다. 물론 정보의 종류도 중요하다. 스트레스를 받은 사람은 스트레스 유발 요인과의 관련성이 강해 특히 마음에 와 닿기에 그것을 잘 기억한다. 볼프의 말을 들어보자.

"진화 과정에서 아마 그것이 득이 되었기 때문일 것이다. 스트레스 상황에서는 정서적으로 중요한 것이 중립적인 것보다 더 의미가 있고 따라서 더 저장이 잘된다."

수많은 동물실험도 스트레스가 사고기관을 활성화한다는 사실을 입증한다. 스위스 로잔 공과대학교 신경생물학자 카르멘 샌디Carmen Sandi는 미로에 물을 담아 쥐를 빠뜨렸다. 그 미로를 빠져나올 수 있는 길은 플랫폼 한 군데밖에 없었다.[15] 그런데 물의 온도가 생명을 위협할 정도로 차가울수록 쥐들은 더욱 집중력을 발휘해 플랫폼으로 가는 길을 기억해냈다.

뇌는 어려움에 처하면 알고리즘이나 카이사르가 살해된 날짜를 떠올릴 여력을 상실한다. 대신 뇌는 가장 중요한 것에 집중한다.

스트레스는 어떻게 삶을 이롭게 하는가

미국 버펄로의 과학자들 역시 쥐들을 미로로 내몰았다. 흥미롭게도 여기서 쥐들이 더 우수한 성적을 낸 원인이 코르티솔 호르몬에만 있는 것은 아니었다. 유니스 Y. 위엔Eunice Y. Yuen과 그 동료들은 신경전달물질 글루탐산이 작업 기억 능력을 크게 높여준다는 사실을 확인했다. 그것이 현재의 주변 환경을 더 정확히 인식해 문제를 해결하도록 도와주는 것이다.

심지어 스트레스는 장기적으로도 뇌에 긍정적 영향을 미친다는 연구 결과가 나와 있다. 캘리포니아 버클리 대학교 연구진이 쥐에게 급성 스트레스를 가하자 분출된 스트레스 호르몬 덕분에 새로운 두뇌세포가 만들어졌다. 이때 해마에서 신경줄기세포가 성장했고, 쥐는 스트레스를 받은 지 2주 후의 학습 테스트에서 훨씬 더 우수한 성적을 거뒀다.

호르몬의 영향력

스트레스는 우리를 보다 사회적인 존재로 만들어준다. 프라이부르크 대학교 심리학자 베르나데테 폰 다반스Bernadette von Dawans와 그 연구진은 서른네 명의 남성에게 머리를 많이 써야 하는 게임으로 스트레스를 주고 나서 그들의 행동을 관찰했다. 예상과 달리 남성들은 스트레스를 받았음에도 불구하고 더 공격적인 태도를 보이지 않았다. 오히려 게임 전에 느긋하게 시간을 보낸 비교그룹에 비해 훨씬 더 서로를 배려했다. 이 실험 결과를 바탕으로 베르나데테 폰 다반스는 전문지 〈심리학Psychological Science〉에서 '100년 된 이론'을 반박했다.

"남성들 역시 스트레스를 받으면 그 결과로 사회적 접근 행동을 보인다."

남성도 여성과 마찬가지로 혈액에 코르티솔이 넘치고 심박수가 높아질 경우 전형적인 '싸움 혹은 도주' 행동 대신 서로를 보호하고 우정을 나누는 행동 방식을 보인다는 얘기다. 그러나 그런 행동의 책임은 코르티솔보다 옥시토신 쪽에 더 있는 것 같다. 옥시토신도 스트레스 호르몬이지만 그 애칭이 '애무와 정조와 오르가슴의 호르몬'이듯 코르티솔과 전혀 다른 결과를 초래한다. 일반적으로 옥시토신은 관계의 본능을 일깨워 스트레스 상황에서 서로를 돕게 만든다.

이 두 가지 호르몬의 유익한 영향은 또 있다. 코르티솔은 사라지면서 혈압을 낮춰 긴장을 완화한다. 옥시토신은 염증을 막아주고 상처를 치료하며 바쁜 일상 탓에 부담이 심한 심장세포의 재생을 돕는다. 그러니까 우리의 친구인 스트레스는 엄청나게 많은 일을 한다. 심지어 스트레스 자신으로부터도 우리를 보호해준다.

2

공포와 고통에 중독된 인간

공포는 고통스러울 정도로 뜨거운 증기에 즉각 반응해서 일어났다. 어찌나 뜨거운지 피부가 그 열기를 느끼지도 못할 정도였다. 어느 순간 숨도 쉬기 어려웠다. 코를 지나 그 아래 기관지까지 화끈거렸다. 공포에 사로잡힌 내 두뇌는 그 열기가 몰고 올 여러 가지 부작용을 꼽아보기 시작했다. 피부가 타버릴까? 폐가 망가질까? 자제력을 잃을까?

내가 활활 타오르는 산불 현장에 있었던 것은 아니다. 아이슬란드의 간헐천 게이시르Geysir 근처에 있었던 것도 아니다. 공포는 몇 초 만에 사라졌고 정상으로 돌아온 나는 함부르크에서 느긋하게 아침 스파 프로그램을 이어갔다.

그 몇 초간의 공포는 순전히 르네 때문이었다. 그는 매일 오전 11시에 사우나에 들어와 뜨거운 돌에 물을 끼얹었었다. 르네는 내가 다니는 헬스클럽에서 제일 과감하게 물을 퍼붓는 일꾼이다. 스파에서는 뜨겁게 달군 돌에 약초 탄 물을 끼얹어 사우나에 들어온 손님들이 한 차례 땀을 흠뻑 흘리게 한다. 그런 다음 다시 한 번 물을 끼얹어 손님들의 몸을 덮은 땀방울이 폭포처럼 흘러내리도록 만든다. 바로 그 순간 사람들은 내가 앞서 느낀 공포에 사로잡힌다. 물론 그들은 모두 제 발로 들어온 사람들이다.

◠◠◠ 왜 인간은 위험한 걸 알면서도
스스로 공포를 원할까

사우나를 좋아하는 여느 사람들처럼 나도 사우나를 좋아한다. 여러 사우나 욕탕 중에서 가장 뜨거운 방으로 들어갈 정도다. 고통스러운 열기가 고문을 가하는 곳으로 들어가 남보다 훨씬 더 오래 앉아 있는데, 한 번 들어갈 때마다 보통 15분씩 머문다. 목재로 벽을 두른 그곳에서 따지고 보면 그리 쾌적하지 않은 일을 당하느라 잔뜩 스트레스를 받으면서도 말이다.

그날 아침 나는 스트레스가 너무 격심해 정말로 공포를 느꼈다. 그 지옥의 증기를 피해 달아나고 싶은 마음이 간절했다.

갑자기 심장이 멎으면 어떻게 하지? 눈이 터지면? 신장이 망가져 버리면?

사실 사우나를 나와 글을 쓰는 지금 이 순간에는 위험한 조건에서 공포감을 안겨주는 그 좁은 방에 스스로 들어가는 나 자신이 전혀 놀랍지 않다. 이 책을 쓰느라 자료를 조사하는 동안 나는 자발적으로 반복해서 스트레스 상황을 선택하는 사람을 많이 만났다. 이런 태도가 비정상적인 것은 아니다. 가령 스키나 스노보드를 타는 사람들 중에는 안전한 코스를 두고 굳이 목이 부러질 수도 있는 위험한 코스를 택하는 사람이 많다. 놀이공원에 가면 많은 사람이 자기 돈을 내고 위험하기 짝이 없는 놀이기구에 올라 공포로 표정을 일그러뜨린 채 자유낙하를 한다. 클럽에 간 사람들은 엄청나게 빠른 비트로 심신을 피폐하게 만드는 테크노 리듬에 맞춰 몸을 흔들어댄다. 아이들도 즐거운 비명으로 공포를 은폐한 채 스릴 넘치는 놀이에 몸을 맡긴다.

단언컨대 사우나는 열정에 몸을 맡기는 가장 현대적인 방법 중 하나다. 우리는 알면서도 제 발로 스트레스를 일으키는 상황으로 걸어 들어간다. 또 공포를 사랑한다. 극단적인 부담을 즐기고 위험을 찾는다.

스트레스 반응은 아무 이유 없이 일어나지 않는다. 그것은 두뇌가 감각기관이 보낸 위험 신호를 받아야 일어난다. 위험

신호가 들어오면 뇌는 유기체를 보호하려 애쓴다. 한마디로 위험을 인식하지 않으면 스트레스도 없다. 스트레스 반응은 인체가 위험한 도전을 받았을 때 체내 경보기가 보내는 답장이다.

휴식을 취하고 긴장을 완화하려면 견딜 수 없는 한계에 도전하는 위험한 환경에 놓이기보다 웰빙을 실천하는 편이 낫다. 인간은 휴식을 간절히 원하면서도 한편으로 자신이 견딜 수 있는 한계를 알고 싶어 한다. 르네가 증기로 공격했을 때 내가 보인 신체 반응은 내 몸과 정신이 사우나를 휴식 장소로 인식하지 않는다는 증거였다. 적어도 그 짧은 순간에는 생명을 위협하는 환경으로 인식한 셈이다.

○○○ 산 채로 푹 익어버린 사람들

그렇다면 그 위협은 실제로도 생명을 앗아갈 만큼 위험할까? 사우나가 생리학적 한계를 넘으면 어떤 일이 벌어지는지 보여주는 극단적인 사례가 있다. 핀란드 남부의 헤이놀라 시에서는 해마다 사우나 세계대회를 열었는데, 그때마다 전 세계에서 선수들이 몰려와 축제처럼 사우나를 즐겼다. 그런데 2010년 8월 7일의 결승전은 예년과 달랐다.

결승전 시작 온도는 섭씨 110도였고 30초에 한 번씩 벌

인간은 휴식을 간절히 원하면서도 한편으로
자신이 견딜 수 있는 한계를 알고 싶어 한다.

겋게 달아오른 돌에 0.5리터의 물을 부었다. 그 결과 사우나 욕탕 안은 온도뿐 아니라 습도까지 덩달아 상승했다. 습도가 높아지면 우리 몸은 열기를 더 많이 느끼는데 이것은 물의 전도율 때문에 생기는 물리적 현상이다. 증기는 마른 공기보다 전도율이 높아서 열기를 곧바로 피부에 전달한다. 사람들이 여름의 더위는 잘 참아도 습도가 높으면 그렇지 않은 이유가 여기에 있다. 습도가 높은 공기가 물을 흡수하지 않아서 땀을 이용한 피부의 온도 조절 능력이 제 기능을 다하지 못하는 것이다.

5분이 지나자 대부분의 결승 진출자가 방을 나갔고, 러시아인 블라디미르 라디젠스키Vladimir Ladyzhensky와 핀란드인 티모 카우코넨Timo Kaukonen만 남았다. 단 두 명, 즉 노보시비르스크 시에서 온 아마추어와 라티 시에서 온 금속공의 대결이었다. 카우코넨은 이미 다섯 번이나 우승한 전적이 있었다.

방 밖에서 사람들이 유리창 안을 들여다보며 걱정하는 중에도 두 사람은 의연히 앉아 있었다. 상태가 어떠냐는 심판 질문에 두 사람은 승리를 확신하는 듯 엄지를 척 치켜세웠다. 온도가 116도, 습도가 23.2퍼센트까지 치솟았지만 둘은 여전히 중단하지 않겠다고 고집을 부렸다. 결국 그들은 TV 카메라 앞에서 산 채로 익어갔다.[16]

두 사람은 의식을 잃었고 라디젠스키는 사망했다. 일부에서는 문신을 시술할 때 통증을 느끼지 못하도록 피부에 바르는 진통제를 도핑한 것이 아닌지 하고 조심스레 추측했다. 라디젠스키의 근육에서 커다란 피부조각이 떨어져 나왔기 때문이다.

카우코넨도 무사하지 못했다. 신장과 폐가 망가지고 피부의 70퍼센트에 화상을 입었다. 몇 주 동안 인공뇌사 치료(동면요법, 즉 저체온 치료를 일컫는다 ─옮긴이)를 받은 그는 몇 달 후에야 중증장애를 안고 퇴원하는 대가를 치렀다. 여섯 번째 세계 챔피언이 되려다 성대마저 망가져 목소리는 여전히 쉰 상태다.

그 사건 이후 헤이놀라 시는 행사를 중단하기로 결정했다. 기자회견에서 대변인은 비극적인 사건 때문에 더 이상 "예전처럼 가벼운 마음으로" 행사를 열 수 없어서라고 발표했다.

당시 함부르크의 초현대식 헬스클럽에서 90도가 넘는 온도를 견디고 밖으로 나온 나는 신장이 망가지지도 피부에 화상을 입지도 않았다. 15분 동안 큰 병에 걸린 것도, 기면 상태에 빠진 것도 아니었다. 오히려 르네의 열기는 격한 기쁨을 안겨주었다. 그날 아침 르네의 고문을 끝까지 견디고 도망치지 않은 다른 사람들처럼 나 역시 그에게 기쁨에 겨운 박수갈채를 보냈다.

스트레스에 대응하는 우리의 반응은 제각각 다르다. 그 사실을 가장 잘 확인할 수 있는 장소가 바로 사우나이다. 모든 유기체가 그러하듯 우리 인간에게도 최적의 온도가 있다. 그 최적 수준을 과도하게 넘어서면 인체는 열기 스트레스에 빠져 경련을 일으킨다.

그런데도 계속 고온을 유지하면 신체는 마비되고 코마 상태에 빠졌다가 결국 사망에 이른다. 마비 상태에 이를 경우 단백질과 효소가 응고하는 탓에 돌이킬 수 없다. 헤이놀라 대회에서 결승에 진출한 두 사람에게도 이와 똑같은 일이 일어났다. 말 그대로 그들의 몸은 푹 익어버렸다.

요리를 해보면 알겠지만 응고 과정은 이미 50도부터 서서히 진행된다. 사실 고기는 그보다 낮은 온도에서도 조리가 가능하다. 가장 먼저 단백질이 응고되고 온도가 67도에 이르면 결체 조직(세포, 장기, 기관 등을 결합·보호·충전하는 역할을 하는 동물의 조직 ─옮긴이)의 주된 단백질인 콜라겐마저 분해된다.

땀은 평상시에 증발하면서 그 응고 과정을 막아준다. 이러한 물의 냉각 기능이 한계에 도달할 경우, 두뇌는 참을 수 없는 열기와 과도하게 높은 체온을 인식해 우리에게 위험을 경고한다. 이때 우리는 불쾌감과 통증을 느끼면서 스트레스를 받는다.

⌒⌒⌒ 달아나거나 싸우거나

그럼에도 불구하고 왜 사람들은 의도적으로 반복해서 신

체의 안전 시스템을 경보 상태로 바꾸는 것일까? 사우나에서는 열기가 스트레스를 일으키고, 클럽에선 귀를 찢는 소음이 스트레스 유발 메시지를 뇌로 전송한다. 흡연자들은 화학적 스트레스 원인 물질인 니코틴을 자발적으로 들이킨다. 마찬가지로 술도 효과 만점인 신경독이다. 열기, 소음, 독은 모두 스트레스 유발 요인이지만 우리는 의식적이든 무의식적이든 스스로 그것을 즐긴다. 심지어 그 과정에서 쾌감과 행복을 느낀다.

아이러니하게도 사람들이 인생에서 몰아내고 싶어 하는 것 중 1위로 등극한 것이 스트레스다. 스트레스는 현대인의 일상을 망치는 주범이자 수많은 질병의 원인으로 지탄을 받는다. 피곤한데도 잠을 못 자면 우리는 그것을 스트레스 탓으로 돌린다. 근육이 뭉쳐도, 신경이 곤두서도, 성욕이 떨어져도 다 스트레스 때문이란다. 물론 스트레스는 우울증을 유발하고 탈진증후군을 초래한다. 세계보건기구WHO는 스트레스를 "21세기의 최대 건강 위험요인 중 하나"라고 선언하기까지 했다. 독일인 다섯 명 중 네 명은 가끔 스트레스에 시달리며 3분의 1은 자주 스트레스를 느낀다고 한다.[17]

상황이 이렇다 보니 모두들 입을 모아 외친다.

"스트레스를 피하라."

책을 읽어도, 병원을 찾아도 스트레스를 더 많이 받으라

열기, 소음, 독은 모두
스트레스 유발 요인이지만 우리는 의식적이든
무의식적이든 스스로 그것을 즐긴다.

는 말은 들을 수 없다. 그런데 흥미롭게도 사람들은 다른 한편으로 질병의 원인이라는 그 스트레스를 갈망한다. 정신적, 신체적 고민을 찾아다니고 고소공포와 열기에 몸을 맡긴다. 심지어 가장 원초적 스트레스 유발 원인인 신체 통증을 일부러 찾는 사람들도 있다. 이 무슨 모순이란 말인가?

스트레스는 단기간의 흥분 반응으로 이때 인체는 호르몬을 분비하고 에너지를 준비해 심장 박동을 높인다. 그 결과 우리는 최고치의 능력을 발휘해 스트레스 원인을 피해 달아나거나 아니면 그것과 싸운다.

3

스트레스는 정말
백해무익할까

왜 여러 사람 앞에서 발표하려는 순간 숨이 탁 막히는 느낌이 들까? MRI를 촬영하려고 기계 속에 들어갔을 때 폐쇄공포감에 사로잡히는 이유는 뭘까? 수직 낙하하는 물체의 가속도 값을 물으면 왜 갑자기 머릿속이 새하얘질까?

'스트레스는 우리에게 꼭 필요한 체내 경보기'라고 주장하면 대다수는 고개를 젓는다. 이 시대에는 그런 종류의 스트레스 반응이 필요치 않다는 의미에서다. 스트레스 반응을 이용해 맹수의 공격과 자연의 위협을 피하던 석기시대 조상들과 달리 우리는 위험이 사라진 세상에서 살고 있다. 고로 현대사회에는 스트레스가 백해무익하다는 얘기다.

○○○ 스트레스가 비난받는 이유

사람들이 스트레스를 일제히 비난하는 분위기는 번아웃 현상 탓이 크다. 지난 몇 십 년 동안 탈진증후군이 글로벌 트렌드로 자리 잡았는데, 그 원인으로 손가락질을 받는 것이 스트레스다. 이 시대에는 해가 갈수록 자신이 아프다고 생각하는 사람이 늘고 있다. 2015년 세계질병부담연구GBD, Global Burden of Disease 프로젝트의 연구 결과, 지구인 중 자신이 건강하다고 대답한 사람은 스무 명 중 한 명꼴로 나타났다. 세계인의 95퍼센트가 적어도 한 가지 질병을 호소하고, 심지어 3분의 1은 다섯 가지 이상의 질병이 있다고 대답했다.[18]

한편에서는 기대수명이 놀랄 정도로 늘어나는데 반대편에서는 수많은 사람이 역사상 유례가 없을 정도로 질환을 호소한다. 언뜻 이것은 모순으로 보이지만 그렇지 않다. 이는 어쩌면 오늘날 우리가 물리적 생존을 위해 투쟁할 필요가 없다는 것이 그 원인일지도 모른다. 인류를 위협하던 죽음의 자리를 질병이 차지한 것이다. 여기에는 의료와 제약업계의 활약도 만만치 않게 한몫했다. 기준에서 조금만 벗어나도 무조건 '질병'으로 몰아붙여야 자신들의 수익이 올라갈 게 아닌가.

번아웃 사회에서 스트레스는 '생명을 구하는 능력'을 입증할 기회가 거의 없다. 야생은 길들여졌고 생물학적 적은 멸종

번아웃 사회에서 스트레스는
'생명을 구하는 능력'을 입증할 기회가
거의 없다.

되거나 동물원에 갇혔다. 오늘날 우리를 위협하는 존재는 그와는 다른 원인에서 비롯되고 다른 형태를 띤다.

스트레스 반응이 우리 몸에 부담만 준다면 앞으로 어떤 일이 벌어질지 잠시 생각해보자. 스트레스가 착한 지킬 박사로 변신하지 못하는 하이드 씨라면 유기체를 생존 투쟁에 '적합하지 않게' 만들지 않을까? 원칙적으로만 보면 그렇다. 이 경우 다윈의 학설대로 병을 유발하는 스트레스 기질은 세대를 거치면서 서서히 퇴화하거나 그 의미가 쪼그라들어야 한다. 건강하지 못한 유기체는 건강한 동료에 비해 번식하기 어려우니 말이다.

그런데 유전적 소인素因을 완전히 바꾸기에는 우리가 거쳐 온 시간이 너무 짧다. 진화는 시간이 걸리는 작업이며 좋은 결과든 나쁜 결과든 한 번 획득한 기질은 오래도록 존속한다. 우리 유전자는 고인돌 가족과 크게 다르지 않다. 번아웃 같은 세계적 현상조차 막대한 유전적 변화를 몰고 올 정도의 창의력을 발휘하지는 못한다. 후성유전학이 환경과 라이프스타일의 영향을 밝혀내도 우리는 앞으로 오랫동안 스트레스에 반응하는 능력을 간직할 것이다.

인류의 진화 역사를 살펴보면 왜 이런 구조가 인간 종에게 확고히 자리 잡았는지 알 수 있다. 호모사피엔스는 지구에 발을 내디딘 이후 6,000세대가 넘는 세월을 거치며 스트레스 반응의 덕을 보았다. 이 능력은 20만 년 동안 번식에 도움을 주었고 이 능력을 갖춘 개체는 덕분에 유전이 가능했다. 그러니까 스트레스는 분명 생존 투쟁에서 손해가 아닌 이익이었다.

물론 지금은 과거와 크게 다르다. 오늘날 우리는 스트레스를 지속적인 과로와 연관 지어 장기적인 부담이 불러오는 상태로 규정한다. 하지만 본래 스트레스는 대개 단기적인 사건이었다. 가뭄이 심해 곡식이 열매를 맺지 않거나 사바나에 사냥할 짐승이 사라진 경우처럼 먹고살 자원이 부족하면 일시적으로 장기적인 스트레스가 가능했겠지만, 석기시대의 삶에는 오래 흥분할 일이 그리 많지 않았다.

조상들은 서로 싸우거나 사냥을 하거나 물살이 센 강을 건널 때 잠깐씩 스트레스를 받았다. 그리고 그때마다 번개 같은 반응으로 예상치 못한 힘을 발휘해 맹수를 물리치거나 도망쳤다. 반면 현대인은 싸우거나 도망치는 것으로는 해결할 수 없는 장기적인 부담에 시달린다. 그 유발 요인은 꽉 찬 스케줄, 동료들의 교묘한 따돌림, 이룰 수 없을 정도로 원대한 야망, 어긋난 계

꽉 막힌 도로에서 꼼짝 못할 때 반응은 특이하게도 우리가 독사를 만났을 때의 반응과 동일하다.

획 등이 대표적이다.

드물지만 우리에게 과거의 반응 패턴이 나타나는 경우도 있다. 예를 들어 바로 옆에서 폭죽이 터지거나 목장에 놀러갔다가 어미 소가 우리를 향해 달려오면, 우리의 이성은 왜 신체가 경보를 울리는지 곧바로 알아차린다.

꽉 막힌 도로에서 꼼짝 못할 때도 우리는 같은 경험을 한다. 그 순간의 반응은 특이하게도 우리가 독사를 만났을 때의 반응과 동일하다. 허허벌판이 아니라 아스팔트 도로 위에 있고 에어백과 내비게이션을 갖춘 자동차에 먹을거리까지 싣고 기분 좋게 여행을 가는 길인데도 말이다. 그럴 때 우리는 브레이크를 밟으며 잠깐 동안 삶의 속도를 늦춰야 한다는 사실 때문에 엄청난 스트레스를 받는다. 뇌가 흥분하고 혈압이 치솟으며 심장이 벌렁벌렁하면서 온몸에 스트레스 호르몬이 넘쳐난다. 단지 잠깐 속도를 줄여야 한다는 이유 하나만으로도 그렇다.

혹시 우리가 미쳐버린 것은 아닐까?

어쩌면 그럴지도 모른다. 그렇지만 그 황당한 반응조차 우리의 본성이다.

스트레스가 얼마나 생존 기회를 늘려주는지 우리는 잘 깨닫지 못한다. 그러나 아주 작은 이상이라도 감지한다면 그것으로 충분하다. 위협이 객관적이든 주관적이든 상관없이 우리는 감정, 몸, 생각, 행동으로 반응을 보인다.[19] 이런 이유로 우리는 위험이 없는 일상생활에서도 반복적으로 그 옛날의 반응을 보는 것이다.

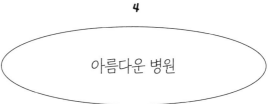

4

아름다운 병원

함부르크 북쪽 슐레스비히홀슈타인의 바트 브람스테트에는 독일 최대 규모의 심신증psychosomatic disease 치료 병원이 있다. 이 '아름다운 병원'에서는 연간 3,300여 명이 치료를 받는데 그들은 대개 스트레스에 따른 질병을 앓는다.

넬레 푸쉬치안Nele Puschzian은 이곳에서 새로 입원하는 환자를 담당하는 의사로, 그녀는 심리적 균형을 잃은 환자에게 아직 '정상 반응' 능력이 있는지 진단한다. 스트레스를 자주 느끼는 나도 창문 없는 작은 방에서 진단을 받았다. 한때 나는 뻣뻣한 목, 불면, 심리적 불안정, 등의 통증 그리고 약간의 자극에도 심하게 반응하는 전형적인 스트레스

증후군을 보였다. 나는 내 진단 결과가 어떻게 나올지 몹시 궁금했다. 나도 그 병원 환자들처럼 구체적인 스트레스 반응을 보일까? 그러다 자극이 사라지면 마음이 안정될까?

⌒⌒⌒ 현대판 호랑이의 공격

넬레 푸쉬치안은 내 손가락 끝에 의료용 프로브를 연결했다. 그것은 일단 흥분하지 않은 상태에서 내 피부 표면의 전도율을 측정하는데, 데이터는 모니터에 뾰족 곡선으로 나타난다. 목에 붙은 전극은 추가로 목의 긴장 정도를 측정한다. 모니터에 규칙적으로 찍히는 빨간 점은 1초에 한 번씩 또렷한 흔적을 남기는 내 심장박동이다.

갑자기 넬레 푸쉬치안이 내 오른쪽 귀 옆을 손으로 찰싹 때렸다. 깜짝 놀라는 내 반응은 곧바로 모니터에 나타났고 곡선이 용솟음쳤다. 땀구멍에서 땀이 솟은 듯 피부 전도율이 두 배로 높아져 전류가 전보다 더 빠르게 흘렀다. 그녀는 "아주 자연스러운 반응"이라고 말했다. 그녀의 바이오피드백 장치는 내 신체 긴장도, 즉 스트레스 반응을 시각적으로 보여주었다.

예상치 못한 따귀 한 대로 내 몸은 선사시대 인간이 갑자기 호랑이와 맞닥뜨렸을 때처럼 비상 대응 준비를 갖췄다. 아, 완벽한 준비가 아니라 그런 기미를 보였다는 소리다. 따귀 한 대가 우리의 선조들이 만난 호랑이만큼 큰 스트레스 요인은 아닐 테니 말이다.

자극을 받았을 때 우리가 공격하든 도주하든 그 둘을 준비하게 하는 것은 스트레스 반응이다. 스트레스 반응은 호흡과 심혈관을 자극하고 에너지를 지방과 당의 형태로 바꾼다. 푸쉬치안은 내게 말했다.

"선생님의 경우는 스트레스가 전혀 문제되지 않습니다."

그 작은 방에 들어오는 환자 중에는 심장박동이 빨라져도 다이어그램에 전혀 변화가 없는 사람도 많다. 이미 평균 상태의 흥분 정도가 너무 높아 긴장한 근육의 격한 자극에도 몸이 전혀 반응하지 않는 것이다. 이는 현대판 호랑이에 둘러싸인 그들의 몸이 그것에 계속 반응하면서 장기 스트레스 상태에 있기 때문이다. 현대판 호랑이란 과도한 업무와 쫓기는 일정, 괴롭히는 상사, 귀찮은 이웃 등을 말한다. 석기시대 조상들이 겪은 식량 부족은 늘 적자 상태인 가계부가 대체하고, 버섯·딸기·뿌리 같은 처음 보는 식재료에 든 독은 과도하게 소비하는 술과 담배의 독으로 변했다.

과도한 스트레스를 자주 겪으면 건강에 문제가 생기고 번아웃 상태에 놓인다. 원시인에게 생명의 은인이던 유익한 스트레

현대판 호랑이란 과도한 업무와
쫓기는 일정, 괴롭히는 상사,
귀찮은 이웃 등을 말한다.

스 반응이 보호 기능을 잃고 그 자체가 위험요인이 되어버리는 탓이다. 연방 산업안전보건청의 최근 연구 자료를 보면 독일 국민이 가장 많이 노출되는 스트레스 상황은 58퍼센트가 여러 가지 업무를 동시에 처리하는, 이른바 멀티태스킹이었다. 그다음으로 일정과 성과 부담이 52퍼센트, 계속 반복되는 일이 50퍼센트, 일의 방해와 중단이 44퍼센트였다. 그 결과 사람들은 순환기장애, 자가면역질환, 우울증, 치매 등을 앓았다.[20]

⌒⌒⌒ "이제 퇴원해도 좋습니다"

바트 브람스테트의 '아름다운 병원'은 몸과 마음이 모두 아픈 질병을 치료하는 전문 병원이다. 가령 번아웃, 경계성인격장애, 컴퓨터중독, 식이중독 환자들이 숲으로 둘러싸인 편안한 환경에서 치료를 받으며 몸과 마음의 상처를 회복한다. 이곳에서 의사들은 혈압, 근육 긴장도, 두통 등을 체크한다. 그런데 환자는 대개 증상을 올바로 인식하고 판단하는 능력을 상실한 사람들로 증상에 올바로 반응하지 못한다.

그들은 굳은 목 근육과 턱 근육, 땀으로 차가워진 손으로 넬레 푸쉬치안과 마주앉는다. 그러면 넬레 푸쉬치안은 가슴에 통증을 느끼고 숨 쉬기도 힘든 환자들에게 어깨를 치켜 올려

긴장한 다음 다시 툭 떨어뜨리며 긴장을 푸는 방법을 가르친다. 또한 영상을 보여주거나 숫자, 도시, 강의 이름을 묻는 질문(가령 "케냐의 수도는 어디죠?")으로 환자에게 스트레스를 주고 그 스트레스를 푸는 방법을 연습하게 한다. 나는 당당히 대답했다.

"나이로비."

이러한 바이오피드백으로 환자들은 자신의 신체 기능에 영향을 미치는 방법을 배운다. 예를 들어 '꼬리에 꼬리를 무는 생각'으로 괴로워하는 환자에게는 온갖 질문을 던져 생각하게 만든 뒤, 야외 명상을 권하거나 생각의 방향을 정확히 지정해주어 들끓는 뇌의 안정을 도모한다. 스트레스로 편두통이 심한 환자에게는 혈관조직을 바꾸는 방법을 가르치고 공포증 환자에게는 그가 무엇을 무서워하는지 그 대상(개, 어두운 터널, 군중, 강물 등)을 명확히 알려준다.

환자의 긴장 완화를 위해 영상으로 안전한 장소의 상징인 성城이나 햇살이 환한 장소, 아름다운 자연을 보여주기도 한다. 푸쉬치안은 내게 말했다.

"낚시 영상도 잘 통해요."

아직 뺨을 얻어맞은 충격에서 덜 회복된 나는 내가 표범을 무사히 피한 선사시대의 호모에렉투스처럼 다시 긴장 완화 상태로 돌아왔는지 점검하기로 했다. 이것은 연꽃 테스트로 점검한다.

일단 모니터에 아직 봉오리 상태인 꽃이 하나 뜨자, 푸쉬치안은 내게 긴장을 풀어 그 꽃봉오리가 활짝 피어나게 만들라고 했다. 그녀는 내 몸에 달린 센서가 컴퓨터로 스트레스의 정반대 신호를 보내면 가상의 꽃봉오리가 활짝 꽃을 피운다고 말했다.

넬레 푸쉬치안은 꽃이 피기까지 몇 주가 걸리는 경우도 많다고 했다. 위험이 사라진 뒤 우리 조상들이 보인 그 자연스러운 반응을 되찾기까지 그처럼 오랜 시간이 필요하다는 얘기다. 나는 부디 몇 주가 걸리는 일이 없기를 바라며 담자색 연꽃을 가만히 들여다보았다.

환자들은 보통 그 병원에 두 달 정도 입원한다고 한다. 그 기간 동안 환자들은 스트레스 증상에 무력하던 상태에서 벗어나 적극적인 대처 능력을 키운다. 그중 상당수는 퇴원 후에도 계속 치료를 하는데, 증상뿐 아니라 원인을 제거할 때까지 오래오래 치료받는 것이 바람직하다.

나는 기능적으로 꾸며놓은 그 병원의 진료실에서 약물이나 명상 음악, 낚시 영상 없이도 몸과 마음의 긴장을 완전히 풀어낼 수 있을지 몹시 궁금했다.

잠시 후 연꽃의 꽃잎이 확연히 꿈틀거리더니 점점 밖으로 기울기 시작했다. 나는 최대한 느긋한 마음으로 심신증 관련 서적이 꽉 들어찬 서가를 바라봤다. 그것이 마치 천사, 물개, 그르렁거리는 고양이라도 되는 것처럼 말이다. 머리를 의식적으로 똑바로 세운 나는 반대로 어깨를 축 늘어뜨렸다. 양쪽 발을 바닥에 딱 붙이고 발가락과 손가락의 힘을 뺄 경우 심박수와 혈압이 내려간다.

성공이다! 꽃이 조금씩 피어나더니 결국 노란빛 수술이 보일 정도로 속을 다 드러냈다. 푸쉬치안이 기뻐하며 말했다.

"반응력이 완벽하군요. 이제 퇴원해도 좋습니다."

5

잔디구장과 아드레날린

그날 사방엔 연기가 자욱했고 화염 방사기에서는 10미터 높이의 불꽃이 솟구쳤다. 그 와중에 한 무리의 남자들이 큰 소리로 울부짖으며 공격적인 분위기를 조성했고, 그들을 빙 둘러싼 수만 명의 구경꾼은 고함을 지르며 법석을 떨었다. 화면만 보면 마치 전쟁이라도 터진 것 같았다.

하지만 2015년 10월 31일 런던에서 벌어진 이 장면은 즐겁고 신나는 경기에 불과했다. 종목은 인류가 남아도는 힘을 어쩌지 못해 상대적으로 덜 위험한 싸움에 여가시간을 쏟아 붓고자 만든 럭비인데, 그날은 마침 세계선수권대회 결승전이었다.

사나운 한 무리의 남자들은 '올 블랙스', 즉 뉴질랜드 국가대표 선수단이었다. 결전을 앞두고 그들이 선보인 시끄러운 춤은 하카 춤으로 그 유명한 마오리족의 출전 의식이었다. 뉴질랜드 선수들은 하카 춤으로 옛날 남태평양의 섬에서 그 춤을 춘 조상과 같은 목적을 노렸다. 그 목적이란 상대팀인 오스트레일리아 선수들을 위협하고 자기 팀의 사기를 진작해 기선을 제압하는 것을 말한다.

그 순간 뉴질랜드 선수들을 한 명씩 불러 건강검진을 했다면 아마 그들의 혈액과 침에서 엄청나게 솟구친 스트레스 호르몬 수치를 확인했을 터다. 그들의 몸에는 아드레날린과 노르아드레날린, 코르티솔처럼 결전의 각오를 다지는 물질이 넘쳐났으리라.

ᴖᴖᴖ 호르몬 풍년

호르몬이 풍년을 이룬 가장 큰 이유는 그 경기가 워낙 중요했기 때문이다. 결승전을 앞둔 선수는 누구나 스트레스를 받아 신경이 날카롭게 마련이다. 더구나 그날은 토요일이라 런던의 트위크넘 럭비 구장은 8만 2,000명의 관중으로 발 디딜 틈이 없었다. 화염 방사기가 뿜어낸 불꽃도 호르몬 분출을 자극했을 것이다.

그렇지만 뭐니 뭐니 해도 결정타는 뉴질랜드 선수단의 하카 춤이었다. 선수들은 가슴과 팔, 허벅지를 마구 두드리며 쥐라기 공원의 공룡처럼 울부짖었고 상대의 목을 자르겠다고 협박했다.

그날 이들은 다양한 공격 기술과 탁월한 팀워크를 발휘해 결국 우승컵을 거머쥐었다. 혹시 여기에 사기를 진작하고 결전 의지를 다진 스트레스 퍼포먼스가 영향을 주지 않았을까? 분명 몇 번의 결정적인 골은 그렇게 보였다.

흥미롭게도 하카 춤은 2011년에도 결정타를 날린 적이 있다. 2011년 세계선수권대회 결승전에서 뉴질랜드는 8 대 7의 숨 막히는 승부를 펼쳐 힘겹게 프랑스를 이겼다. 그 승리는 하카 춤을 마친 직후 뉴질랜드 선수들이 복수의 여신처럼 달려들어 주도권을 장악한 덕분이었다. 프랑스는 이내 반격에 나서 전체 경기를 주도했으나 안타깝게도 초반의 실점을 만회하지 못했다.

좀 과장해서 말하면 럭비 세계선수권대회의 승리는 세계보건기구가 인류의 건강을 해치는 최대의 적으로 선언한 스트레스가 안겨주는 셈이다.

경기에서 강한 공격력을 발휘해야 하는 모든 스포츠 종목에는 흔히 이러한 경기 전 의식이 있다. 물론 우리 같은 문외

한이 보기에 싸움박질과 그리 다를 것 없는 럭비가 그중에서도 가장 거친 의식을 자랑하지만 말이다. 핸드볼, 축구, 아이스하키 경기에서는 선수들이 어깨동무를 하고 둥글게 서서 결의를 다진 뒤 서로를 향해 고함을 지르거나 주먹을 불끈 쥔다. 농구와 야구에서는 같은 팀끼리 하이파이브를 하고, 원반던지기나 공 던지기 같은 개별 종목 선수는 서로를 향해 으르렁댄다. 권투 경기장에선 선수들이 입장할 때 록 음악으로 분위기를 띄운다. 그 목적은 모두 스트레스 호르몬을 분비해 최고의 기량을 발휘하는 데 있다.

스트레스 호르몬은 힘을 키워줄 뿐 아니라 집중력을 강화하고 감각을 깨우며 반응 속도를 높인다. 특히 축구 골키퍼들을 보면 이 사실을 확인할 수 있다. 잔디구장에서 이들보다 더 압박감이 심한 포지션은 거의 없다. 그와 골문 사이에는 골을 막아줄 사람이 아무도 없기에 조그마한 실수도 곧바로 골로 연결된다. 독일의 최고 골키퍼로 이름을 날린 올리버 칸Oliver Kahn은 최상의 역량을 발휘하기 위해 거칠고 공격적인 경기도 마다하지 않았다. 오래도록 FC 바이에른 뮌헨의 골문을 지킨 그는 거인이라는 별명에 걸맞게 경기 내내 극도의 흥분 상태를 유지했다.

불안과 흥분에 휘둘리지 않고 공격성을 적극 활용할 줄 아는 사람은 여러모로 유리한 점이 많다. 칸의 신체언어는 그가

스트레스 호르몬은
힘을 키워줄 뿐 아니라 집중력을 강화하고
감각을 깨우며 반응 속도를 높인다.

바로 그런 사람임을 잘 보여준다. 그에게는 상대 선수가 찬 공을 막아내는 것이 소극적인 방어가 아니라 적극적인 공격이다. 그는 마치 날고기만 먹고산 사람처럼 이빨을 드러낸 채 으르렁거리고 발을 구르며 걸핏하면 싸움을 한다. 그것을 보며 지나치게 공격적인 행동이라고 생각하는 사람도 많겠지만, 그는 뛰어난 선수들과 싸우려면 반드시 필요한 행동이라고 말했다.

"축구는 어디까지나 경기이고 건강한 공격성은 경기의 일부입니다."[21]

2001년 발렌시아를 상대로 싸운 UEFA 챔피언 리그 결승전에서 그는 스트레스 반응의 유익한 사례가 어떤 것인지 확실히 보여주었다. 경기는 결국 승부차기까지 이어졌고 칸의 심적 압박은 엄청나게 컸다. 마침 바이에른은 2년 전에도 맨체스터 유나이티드와의 결승전에서 연장전까지 간 끝에 패한 전력이 있었다. 이번에는 절대 지지 않겠다는 각오를 다진 칸은 짐승처럼 으르렁거리며 골문 앞에 섰고 번개처럼 빠르게 뛰어 세 골을 막아냈다. 몇 년 후 그는 그 멋진 승리의 날과 특별했던 집중력을 회상했다.

"나를 제외한 모든 것, 그러니까 공격수까지도 사라져버린 그런 상태였죠."[22]

관중과 스트레스가 필요하다

위험에 처했을 때 살아남기 위해 고도의 집중력을 발휘하는 것은 유기체의 전형적인 증상이다. 보훔 대학교 인지심리학자 올리버 볼프는 프로 축구선수에게는 관중과 스트레스가 필요하다고 말한다. 신경이 날카로워지면 집중력이 높아지기 때문이다. 자기 몸에서 분비되는 노르아드레날린보다 더 빠른 시간 내에 정신력을 높여주는 마약은 세상에 없는 셈이다.

물론 칸의 스트레스 메커니즘이 통제 불능 상태에 빠진 적도 몇 번 있었다. 한번은 보루시아 도르트문트의 공격수 하이코 헤를리히가 자신을 밀쳤다는 이유로 칸은 그의 목을 물었다. 이것은 위협을 느낀 동물들이 보이는 전형적인 행동이다. 또한 그는 같은 경기에서 마치 쿵푸라도 하듯 상대팀 공격수 스테판 샤퓌자를 걷어찼다. 심지어 칸은 자기팀 선수에게도 공격을 서슴지 않았다. 한 경기에서 안드레아스 헤르초크가 미드필드에서 공을 놓치자 칸은 그에게 미친 듯이 달려들어 몸을 붙잡고 마구 흔들었다.

미친놈 아니냐고? 그럴지도 모른다. 그런데 올리버 칸은 세 번이나 세계 최고 골키퍼로 선정되었고 나이가 들면서 조금씩 공격성을 조절했다.

통계 자료상 2014년과 2015년 시즌에서 유럽 최고 골키퍼였던 얀 좀머Yann Sommer도 집중력의 대가다. 그도 스트레스를 집중력의 도핑으로 이용할까?

나는 그가 경기를 치른 다음 날 그를 직접 만났다. 전날 게임에서 또다시 무실점 기록을 올린 그는 보루시아 묀헨글라드바흐가 샬케 04 선수들을 DFB(독일 축구협회) 포칼에서 내모는 데 크게 기여했다. 얀 좀머가 90분 동안 한 골도 허용하지 않으면서 상대팀은 우세한 경기를 펼치고도 무득점에 그쳤다.

얀 좀머는 올리버 칸과 달리 침착하기로 소문이 자자하다. 물론 그도 홈경기를 관람하러 경기장으로 몰려든 5만 4,000명의 관중을 보면 압박감을 느끼지만 신경질적인 반응을 보이는 일은 좀처럼 없다. 오히려 그는 경기장에서 "기쁨과 의욕"을 느낀다고 했다.

좀머 자신은 그 상태를 평정심이라고 생각하지만 그의 몸 속 신경 시스템은 필요한 스트레스 반응을 준비한다. 만약 그것이 없다면 그는 그저 그런 골키퍼에 불과할지도 모른다. 빠른 반사는 스트레스 반응으로 어깨와 목, 등의 근육이 긴장해야 가능하다. 실제로 좀머는 맥박이 순식간에 치솟는 느낌을 자주 경험한다고 말한다.

"평소엔 분당 80인데 연달아 잡기 힘든 공이 들어오면 순식간에 150, 160, 170으로 올라갑니다."

이러한 맥박 증가는 단순한 신체 동작의 결과로 볼 수 없다. 그럴 때 위험을 감지해 심장박동과 혈압을 높이고 동공과 기관지를 확장해 그의 몸이 볼을 향해 달려들게 만드는 것은 그의 두뇌다. 그렇게 그의 몸이 신진대사를 최고 수준으로 끌어올린 덕분에 그는 뛰어난 반사 능력으로 이름을 날려 스위스 국가 대표 선수가 되었다.

얀 좀머의 소속팀 보루사 묀헨글라드바흐의 전 감독 안드레 슈베르트André Schbert는 선수들에게 긴장과 스트레스를 긍정적 인풋으로 받아들이라고 누차 강조했다.

"스트레스를 긍정적 인풋으로 받아들이면 흔히 말하는 식의 스트레스를 받지 않고 고도의 집중력을 발휘해 게임에 임할 수 있다. 스트레스가 아니라 오히려 기쁨을 느낄 것이다!"

파리 생제르망을 거쳐 맨체스터 유나이티드에서 활약 중인 스웨덴 축구 스타 즐라탄 이브라히모비치Zlatan Ibrahimovic도 선수 생활 초기부터 흥분을 원동력으로 활용해왔다. 가끔 그의 놀라운 열정과 하늘을 찌를 듯한 자신감을 거만하다고 해석하는 사람들도 있지만 그는 자신의 성공 원천을 이렇게 설명한다.

"아드레날린과 분노가 없으면 나는 아무 쓸모도 없는 사람입니다."[23]

6

진화는 스트레스의 결과다

터키 중부 카파도키아의 역사는 300만 년 전에 시작되었다. 당시 에르시에스 화산이 폭발하면서 수십억 톤의 용암과 화산재가 세상 밖으로 쏟아져 나왔다. 하늘로 치솟았다 떨어진 그 용암과 화산재는 가지각색의 두께와 강도, 색깔의 층을 이루며 몇 미터 높이로 차곡차곡 쌓였다. 이어 바람과 비와 햇살이 지층을 부수고 강물이 바위를 갉아먹으며 풍화작용을 일으켰다. 또 침식작용은 바위를 삼키고 협곡을 뱉어냈으며 평평한 땅에 우뚝 솟은 굴뚝을 세워놓았다. 기암괴석들이 마치 동화 나라처럼 멋진 풍경을 만들어낸 것이다.

2세기가 되자 이곳을 찾아온 수도승들이 바위를 뚫어 동굴을 만들었고 지하에는 방과 예배당이 들어섰다. 그 지하 방에는 사정없이 따가운 아나톨리아의 태양을 피하고 싶어 한 기독교인들이 들어와 살았다. 이슬람이 확산되자 시리아, 팔레스타인, 이집트의 기독교인들까지 카파도키아로 몰려들었다. 13세기와 14세기에는 아르메니아인이 동쪽 몽골족을 피해 이곳에 숨어들었다. 결국 카이마클리 같은 지하 도시가 탄생했고 페르시아인, 로마인, 아랍인, 몽골인 들이 침략할 때마다 기독교인 수천 명이 가축을 이끌고 이곳으로 피난을 왔다. 그 마지막이 이집트 군대가 침략한 1838년이었다.

〰 위대한 걸작을 낳은 것

카파도키아 지상 도시 중심부에 있는 입구는 아무리 봐도 그리 대단해 보이지 않는다. 그런데 그 평범한 구멍 하나가 지하의 카이마클리로 이어진다. 계단을 내려가면 지하수 수위까지 닿는 35미터 깊이의 구멍들이 사방으로 뚫려 있다. 여덟 개 층 전부를 발굴하지는 않았지만 허리를 숙이고 통로를 지나다 보면 그 지하세계의 어마어마한 차원에 절로 감탄이 쏟아진다. 침실,

거실, 묘실, 부엌과 교회, 교실 그리고 놀라울 정도로 환기가 잘
되는 통풍 시설까지 말이다.

동굴 주민들의 정교한 기간 시설은 어쩔 수 없는 임시방
편이 아니었다. 그들은 가축을 키우고 포도 압착장을 갖췄으며
작업장에서 동광을 자르고 도구와 무기를 제작했다. 햇빛이 조
금도 들지 않는 그곳에서 오로지 희미한 등잔불에 의지한 채 그
런 일을 한 것이다.

깊은 우물은 맛좋은 물을 제공했고 외부세계와는 팔뚝
만 한 통로로 소통했다. 동굴 입구를 막은 거대한 돌은 어찌나
튼튼한지 수천 년 동안 확실하게 적의 침입을 막아냈다.

지상의 아름다운 풍경과 지하의 보물을 간직한 카파도키
아는 1985년 세계문화유산으로 지정되었다. 그곳을 찾아가 보
면 왜 사람들이 그런 시설을 만들었는지 이해하기가 어렵다. 사
실 그 문화적 업적을 이룬 계기는 매우 불쾌한 것, 즉 스트레스
였다. 수백 년 동안 늘 불안에 떨며 살았던 카파도키아 주민이
불안을 떨치기 위해 적에게 저항해 땅속에 집을 지은 것이다.

이 관점에서 유네스코 문화유산의 목록을 쭉 살펴보면
많은 위대한 문화유산이 생명의 위험을 막기 위해 어쩔 수 없이
만들어진 것임을 깨닫는다. 불가리아의 네세바르 고대도시나 프
랑스 중세시대에 탄생한 카르카손 역사도시는 돌로 만든 튼튼한

요새다. 크로아티아 두브로브니크와 룩셈부르크 역시 엄청난 길이의 성벽으로 둘러싸 안전을 도모한 도시다. 독일 뤼베크 성벽의 잔재인 홀슈텐토르와 튀링겐 숲의 바르텐부르크 역시 스트레스에 부응한 건축이었다. 세계에서 제일 긴 게르만 장벽과 만리장성은 영국의 하드리아누스 방벽과 더불어 이웃 나라와의 갈등이 불러온 스트레스를 줄이고자 국경에 설치한 예방책이었다.

규모를 줄여 한 도시를 들여다봐도 가문의 갈등이 건축 대가들을 움직인 동력으로 작용한 경우는 많다. 대표적인 도시가 이탈리아 토스카나에 있는 탑의 도시 '산 지미냐노'다. 그곳의 귀족 가문들은 살인과 암살이 일상사였을 정도로 서로 으르렁거렸고, 그 결과는 누가 더 높이 올리는지 경쟁하며 지어댄 걸작의 탑으로 남았다.

암스테르담의 원형 운하도 인구가 폭발할 지경으로 늘어나자 수도 책임자가 스트레스에 대응하기 위해 40년 동안 건설한 것이었다.

그렇지만 위기와 전쟁, 그 자체가 인류에게 위대한 건축을 선사했다는 것은 틀린 생각이다. 폭력이 결정을 부추겼을 수도 있으나 결국 위대한 걸작을 만든 것은 폭력을 막으려는 인류의 노력이었다.

스트레스가 지상의 생명체에 큰 자극을 준 것이 건축 발명과 함께 시작된 것은 아니다. 위대한 건축물이 없었을 때도 지상에는 생명체가 우글거렸다. 어쩌면 생명 진화 그 자체가 스트레스의 결과인지도 모른다. 자연사의 각 지점마다 생명체는 다양한 스트레스 요인에 저항했다. 이는 효모만 봐도 알 수 있다.[24] 예를 들어 분열형 효모 쉬조사카로미세스 폼베Schizosaccharomyces Pombe는 독성 화학물질과 열기 때문에 스트레스를 받으면 세포분열이라는 현명한 전략을 구사한다. 세포가 늙은 세포와 젊은 세포로 분열되면 힘없는 늙은 세포는 죽지만 튼튼한 젊은 세포는 힘든 상황을 이겨내고 계속 번식한다.

우리 몸은 동물의 잔재를 모아놓은 수집품이라 할 수 있다. 그 잔재 하나하나는 조상 생물이 인간이 되는 과정에서 겪은 에피소드를 들려준다. 가령 우리 몸은 해파리나 물고기의 기관과 비슷한 요소로 이뤄져 있다. 뼈는 일단 사지로 나뉜 다음(상박과 허벅지) 다시 두 개의 뼈(척골과 요골, 경골과 비골)와 작은 뼈들, 마지막으로 손가락·발가락으로 나뉜다. 그런데 새와 박쥐, 공룡과 익룡, 바다표범과 도마뱀, 펭귄과 흑고래도 이러한 방식의 골격을 보인다.

또한 우리는 동물과 같은 질병을 앓는다. 재규어는 유방

암에 걸리고 코뿔소는 결핵을 앓으며 코알라는 클라미디아라는 성병을 서로에게 옮긴다. 애플 창립자 스티브 잡스를 죽인 암은 앵무새와 독일의 국견 저먼 셰퍼드, 소형 사냥개인 잉글리시 코커 스패니얼도 죽일 수 있다.[25] 우리와 지상의 모든 동물은 공통적으로 몸이 수많은 세포로 이루어져 있다.

오늘날 우리는 스트레스로 촉발된 진화가 각 세포에서 어떻게 진행되었는지 알고 있다. 똑같은 세포가 수백만 종으로 분화하려면 무언가 다른 것이 기여하게 마련이다.

스트레스 개념을 과학에 처음 도입한 오스트리아계 캐나다 학자 한스 셀리에Hans Selye는 이것을 부담에 따른 생물 시스템의 반응으로 해석했다. 예를 들어 과중한 업무 탓에 스트레스를 받으면 우리는 혈압이 올라가고 복통을 느낀다. 스트레스를 받을 경우 각 세포에 활성산소가 쌓이는데, 이 활성산소는 세포에 무언가가 정상이 아니라는 신호를 보낸다.[26] 활성산소가 없을 경우 세포는 정상 상태에 있으며, 이는 우리가 편안하게 산책하는 상태에 비유할 수 있다.

만약 35억 년 전에 등장한 생명체의 개척자 세포들이 지금까지도 계속 자기 일만 충실히 했다면 모든 세포가 여전히 외톨이 신세로 '원시 수프(미국 화학자 스탠리 밀러Stanley Miller가 주장한 생명 기원설로 살아 있는 모든 것으로 수프를 만들 수 있다는 것에 착안해 모든 생명체가 수프 상태의 원시 지구에서 탄생했다고 본 이론 ─ 옮긴이)'를 헤엄치고 있을 것이다. 쓸 수 있는 스무 가지 아미노산을 이용해 매일 똑같은 아미노산을 부지런히 합성하면서 말이다. 그것은 단순한 유전자 DNA에 적힌 지시 사항 그대로다.

하지만 우리 같은 다세포, 그러니까 무려 2조 개의 세포로 이뤄진 세포 꾸러미 생물이 탄생했다는 사실은 무언가 변화가 있었다는 증거다. 그것은 바로 세포의 생명을 관리하는 단백질의 변화다. 단백질은 외부 세계와 소통하고 세포의 호흡을 조절하며 영양분 흡수와 폐기물 배출을 처리한다. 이 모든 임무를 잘해내려면 단백질이 무사히 합성되고 접혀야 한다.

그런데 단백질 접힘은 고도로 복잡한 과정이라 실수할 위험이 높다. 가령 자외선이 스트레스를 유발해도 실수가 발생한다. 이 파괴적인 단파 광선이 유전자에 오자를 내면 합성 설명서의 본문이 달라지는 바람에 올바른 부품 대신 불량품이 탄생한다. 즉, 예정된 단백질이 아닌 다른 단백질이 만들어진다.

⌒⌒⌒ 이해할 수 없는 유전자 변이

우리 세포에도 공장처럼 작업 감독이 있는데 그것은 바로 샤프론chaperone이다. 샤프론은 본래 사교계에 처음 나가는 아가씨를 수행하며 돌보는 나이 지긋한 여자를 일컫는 말이다. 세포 나라에서 샤프론은 중요한 핵심 역량을 갖춘 큰 분자로 일종의 보호 단백질이다. 아미노산 사슬이 습기가 많은 세포 환경에서 특정 단백질 분자의 3차원 형태로 접힐 때 샤프론이 도움을 준다. 몇몇 단백질은 꾀가 많아 혼자서 끝까지 공작 수업을 잘 마치지만 그렇지 않은 단백질에겐 도움의 손길이 필요하기 때문이다. 국립 과학소통연구소의 생물학자 토비아스 마이어Tobias Mayer는 "샤프론은 버릇없는 녀석들을 제대로 잘 가르친다"라고 말했다.[27]

샤프론은 매우 중요한 존재다. 단백질이 잘못 접히면 암이나 낭포성 섬유증을 유발하는 탓이다. 크로이츠펠트 야콥병Creutzfeldt-Jakob disease(인간광우병) 역시 변칙 단백질 프리온prion이 원인이다. 이럴 때 샤프론이 불량품을 떠맡아 잘못된 부분을 바로잡거나 이를 처리하기 위해 고심한다. 이렇듯 샤프론은 변성의 부정적 효과를 방지하는 완충장치로 정해진 질서를 따르며 유전적으로 새로운 것이 탄생하지 못하도록 막는다.

다행히 우리에게는 스트레스가 있다. 스트레스가 아니었다면 우리가 세상에 태어나지 못하는 것은 물론 자연의 다양성 자체가 없었을 것이다. 스트레스가 발생할 경우 샤프론은 과로해서 감시 의무를 소홀히 한다. 샤프론이 피해 제거에 여념이 없어

> 스트레스가 아니었다면
> 우리가 세상에 태어나지 못하는 것은 물론
> 자연의 다양성 자체가 없었을 것이다.

미처 불량품을 살필 여력이 없기 때문이다.

이렇게 샤프론이 불량품을 살피지 않으면 중대한 사건이 발생한다. 시카고 대학교 생물학자 수잔 린드퀴스트Susan Lindquist와 수제인 러드퍼드Suzanne Rutherford는 〈네이처〉에 발표한 연구 결과에서 이를 밝혔다.[28] 1998년 두 여성 생물학자는 초파리 난세포에 막대한 열을 가해 스트레스를 유발했다. 그 후 탄생한 새끼의 날개는 혈관이 두껍고 강모 배열이 묘했으며 눈과 다리가 기형이었다. 수잔 린드퀴스트는 이렇게 말했다.

"듣기만 해도 나쁜 짓 같고 실제로 대부분의 개체에게 나쁜 짓이다. 그런데 몇몇 개체의 경우 그 변화가 새로운 환경에 적응하는 유익한 방법일 수 있다."

막상 기형 초파리를 보면 그 생각이 너무 낙관적인 게 아닌가 싶겠지만 린드퀴스트의 말은 옳다. 새롭게 탄생한 모든 단백질이 샤프론의 예상처럼(만약 샤프론이 생각할 수 있다면) 그리 무능하지는 않기 때문이다. 열기·자외선·기계적 스트레스로 생긴 단백질, 그러니까 그 '버릇없는 녀석들'은 새로운 조직 덕분에 지금껏 다른 단백질이 하지 못하던 업무를 맡는다. 이는 유전자의 선택폭이 넓어져 진화의 새로운 가능성이 열리는 것이므로 세포의 입장에서는 장점이다. 그럼 기형 초파리의 창시자 린드퀴스트의 말을 들어보자.

"이러한 방식으로 등장한 이해할 수 없는 유전자 변이들은 진화의 동력이다."

우리의 까마득한 조상들이 아직 단세포 생물로 우주의 원시 수프 속을 헤엄칠 당시에도 바로 이것이 그들에게 주어진 기회였다. 유기체에 진화의 길이 열린 셈이다. 곧 스트레스가 던진 도전에 응답한 것이 인간으로 나아간 우리의 첫걸음이었다.

이 사실은 아직 스트레스라는 말은 몰라도 진화의 동력을 처음 발견한 찰스 다윈도 알고 있었다. 그는 환경이 끊임없이 생명체에 도전장을 던져 생명체를 압박한다는 사실을 확인했다. 그러한 도전과 위협에 가장 잘 대응하는 생명체가 살아남아 번식을 계속한다. 자연도태의 압박을 받는 생명체는 변화를 모색해 진화 과정을 달려야 한다.[29] 결국 지구 최초의 단세포들이 전혀 스트레스를 느끼지 않았다면 인간은 물론 해파리, 표범, 민달팽이 같은 다세포 생물도 결코 태어나지 못했을 것이다.

⌒⌒⌒ 문명의 샘물

생명체가 복잡해지는 동안 그 생명체의 스트레스 반응도 진화를 거듭했다. 만약 그 옛날 원시세포들이 맹수를 만난다면 지금의 우리처럼 적절히 대응하지는 못하리라. 정신분석학자 게르트 칼루차Gert Kaluza는 스트레스 반응 프로그램의 발전이야말로 자연의 창조성을 입증한다고 말한다.

"창조성을 발휘해 반응 프로그램을 갖춘 생명체는 생존 확률이 엄청나게 높아졌다."[30]

미국 생리학자 월터 캐넌Walter Canon은 1914년 이미 스트레스라는 말을 사용했다. 그는 더위와 추위처럼 유기체의 항상성을 방해하거나 해치는 환경 영향을 스트레스라고 불렀다. 그 스트레스 요인이 생명체의 균형을 깨뜨려 그것의 멸종을 불러오는 일도 잦았다. 실제로 지구의 역사를 살펴보면 모두 다섯 번의 대량 멸종이 일어났다. 기후 변화나 운석, 화산 폭발로 수많은 종이 지구상에서 사라진 것이다.

약 4억 4,500만 년 전 전체 종의 80퍼센트가 지구를 떠났는데, 당시 스트레스 요인은 엄청난 추위인 듯하다. 슈퍼 대륙 곤드와나가 남극까지 꽁꽁 얼어붙으면서 추위를 견디지 못한 많은 생물이 목숨을 잃었다.

그로부터 7,000만 년 후에는 바다에 산소가 부족해지고 시베리아의 화산이 폭발하면서 다시금 전체 종의 3분의 1이 목숨을 잃었다. 그렇지만 손해를 보는 쪽이 있으면 이득을 보는 쪽도 있는 법이라 열악한 여건을 견디고 살아남은 종은 넓어진 공간으로 쭉쭉 뻗어 나갔다. 이 2차 멸종의 물결에서 득을 본 생물은 상어와 양서류, 파충류였다.

처음에는 몸집이 작았던 공룡은 2억 5,200만 년 전에 일어난 3차 대량 멸종의 수혜자였다. 물속에서도 이크티오사우루스Ichthyosaurus(쥐라기 전기에서 백악기 전기까지 살았던 어룡) 같은 거대한 파충류가 크게 번식했고, 마침내 2억만 년 전 지구는 쥐라기 공원이 되었다. 하지만 거침없이 대륙을 뛰어다니던 거대한 공룡도 다른 요인과 함께 6,500만 년 전 멕시코 만을 강타한 운석 때문에 지구상에서 자취를 감추었다. 이 마지막 대량 멸종 사태로 전체 종 중에서 20~30퍼센트만 살아남았다.

그중에서도 특히 체중이 최고 0.5파운드(약 220그램)에 불과하고 곤충을 잡아먹는 긴 꼬리의 작은 포유류들이 살아남았다는 사실은 우리에게 커다란 행운이다. 뉴욕 스토니브룩 대학교 고생물학자 모린 오리어리Maureen O'Leary의 추정대로[31] 이것이 모든 포유류의 조상일 확률이 높기 때문이다.

호모사피엔스는 단기간 내에 지구를 뒤집어놓았다. 지질학자 라인홀트 라인펠더Reinhold Leinfelder는 이렇게 말한다.

"식물의 90퍼센트 이상이 인간의 영향을 받는 시스템에서 성장하고, 포유류 생물량의 90퍼센트를 인간과 가축이 차지한다. 얼음으로 덮이지 않은 육지의 4분의 3 이상이 본래의 상태가 아니다."[32]

인간은 지상의 가장 큰 스트레스 요인이자 6차 대량 살상을 이끈 주역이다. 육지에 사는 척추동물만 해도 지난 500년 동안 322종이 지상에서 영원히 종적을 감추었다.[33] 태즈매니아 주머니늑대, 도도새, 멕시코 검은 곰, 마다가스카르 타조 등이 인간의 손에 멸종당했다.

그러나 대량 멸종은 예외적인 사건이다. 대부분의 종은 점진적 변화에 적응하지 못해 멸종한다. 즉, 자원과 양식을 둘러싼 경쟁에서 패배해 사라지는 것이다. 유기체가 에너지를 내고 몸을 유지하려면 영양분이 필수다. 먹이사슬에 따라 먹고 먹히는 관계가 형성되는 이유가 여기에 있다. 그렇지만 생명체는 본능적으로 생명을 유지하려 하고 이때 다른 생물의 양분이 되지 않겠다는 절대 의지에서 스트레스가 발생한다. 그 스트레스는 생명체가 자기 방어책을 고민하는 동력으로 작용한다. 스트레스로 창의력을 발휘하지 않았다면 스컹크의 독한 방귀나 거북의 딱딱한 등껍질이 어떻게 나왔겠는가?

굶어죽을지도 모른다는 스트레스는 인류의 커리어도 바꾸어놓았다. 오스트랄로피테쿠스는 끝까지 채식주의를 고집했지만 270만 년 전 호모하빌리스는 단백질을 향한 욕망을 이기지 못하고 여기저기 널려 있는 썩은 고기에 입을 댔다. 이때 나뭇잎에 익숙한 저작기관 탓에 고기를 잘게 자를 방법을 고민한 이들

스트레스로 창의력을 발휘하지
않았다면 스컹크의 독한 방귀나 거북의
딱딱한 등껍질이 어떻게 나왔겠는가?

은 결국 석기를 사용했다. 이처럼 굶주림 스트레스는 해결책을 모색해 행동하도록 부추긴 자극제였고 이는 인간으로 진화하는 결정적인 발걸음이었다.

호모에렉투스는 직접 사냥하기 시작했다. 많은 양의 지방과 단백질, 인을 섭취하면서 성장한 두뇌 덕분에 조직적인 사냥이 가능했던 것이다. 드넓은 사바나에서 사냥을 하려면 먼 길을 걸어야 했으나 이는 다리 근육에 힘을 불어넣어 아프리카 대륙 너머까지 생활공간을 확보하는 계기가 되었다.

지금으로부터 만 년 전 인류는 경작과 목축을 시작했다. 그 결과 곡식을 창고에 비축해 가뭄과 추위에 대비하는 한편 발효를 이용해 지방과 단백질이 풍부한 음식을 만들어냈다. 이처럼 굶주림 스트레스는 인류에게도 끝없는 창의력의 원천이자 문명의 샘물이었다.

7

통제력 상실

여성 심리학자 에바 페터스Eva Peters에게 전화하기로 한 월요일 아침, 하필이면 그날 일이 꼬였다. 그녀는 스트레스가 유기체에 미치는 영향과 관련해 획기적인 책을 펴낸 저자다. 당시 나는 스트레스 책을 쓰기 위해 조사를 막 시작한 시점이었고 그녀에게 스트레스에 빠진 신체에 정확히 어떤 일이 일어나는지 듣고 싶었다.

그날 늦잠을 잔 나는 미친 듯이 역으로 달려갔으나 열차를 놓치고 말았다. 결국 7분 늦게 전화를 걸자 내가 미처 질문하기도 전에 그녀가 먼저 말했다.

"이 주제와 관련해 아는 게 뭐죠?"

나는 이것저것 주워들은 것을 늘어놓았고 그녀는 계속해서 질문을 던졌다. 이건 평소의 내 경험과 전혀 달랐다. 나는 기자의 입장에서 주로 질문하는 쪽이라 깊이 있는 지식을 쌓고 인터뷰를 한 적이 없었다. 기자는 전문가가 알려준 지식을 일반인에게 이해하기 쉬운 형태로 전달하면 그만이지 전문가가 될 필요는 없었다.

그런데 그날 아침 버거운 질문이 쏟아지자 심한 압박을 받은 나는 혈압이 솟구치고 땀을 비 오듯 흘렸다. 더구나 눈을 뜨자마자 달려 나오느라 빈속에 커피 한 잔도 못 마신 상태였다.

그때 나는 독일 정신의학자 만프레트 슈피처Manfred Spitzer가 스트레스의 원인으로 지목한 현상을 내 몸으로 절감했다. 그것은 바로 통제력 상실이다.

˚˚˚ '아무것도 할 수 없음'이 더 고통스러운 이유

슈피처는 《빨간 모자 소녀와 스트레스Rotkaeppchen und der Stress》라는 책에서 한 가지 실험을 소개했다.[34] 우선 쥐를 철장에 가두고 바닥의 전선으로 전기 충격을 가한다. 단, 전기 충격을 가하기 직전 전등에 불을 밝히되 쥐가 때맞춰 버튼을 눌러 전등을 끄면 전기가 통하지 않게 장치한다. 그 옆의 철장에도 쥐를 한 마리 가둔다. 그런데 이 철장에는 버튼이 없기 때문에 이곳에 갇힌 쥐가 할 수 있는 일은 아무것도 없다. 첫 번째 철장의 쥐가 조금 늦게 반응해 전기가 통하면 두 번째 철장의 쥐도 속수무책으로 전기 충격을 당해야 한다. 과연 어느 쪽 쥐가 더 스트레스를 심하게 받을까? 어쩌면 다들 첫 번째 쥐라고 생각할지도 모른다. 불이 언제 들어오는지 계속 신경 써야 하고 불이 들어오면 얼른 몸을 움직여 버튼을 눌러야 하니 말이다.

실제로 스트레스를 더 받은 쪽은 두 번째 쥐였다. 두 번째 쥐는 첫 번째 쥐와 똑같은 양의 전기 충격을 받지만 첫 번째 쥐와 달리 얼른 반응해야 한다는 압박감을 느끼지 않는다. 그럼에도 불구하고 그 쥐의 몸에서 더 많은 스트레스 호르몬이 흘렀고 위염, 고혈압, 당뇨, 감염 질환, 암 등 장기 스트레스에 따른 질병으로 사망할 확률도 더 높았다. 슈피처는 이렇게 말했다.

"첫 번째 쥐는 완벽하지는 않아도 일정 정도 상황을 장악했으나 두 번째 쥐는 그렇지 못했다."

그렇다면 불쾌한 경험 자체보다 그 상황에 무기력하게 내던져져 있다는 느낌이 더 스트레스를 유발하는 셈이다. 슈피처의 말대로 통제력을 상실하면 스트레스를 받는 것이다.

기초 수급 대상자가 최고경영자 못지않게 심한 스트레스

불쾌한 경험 자체보다
그 상황에 무기력하게 내던져져 있다는 느낌이
더 스트레스를 유발한다.

에 시달리는 이유가 여기에 있다. 일자리가 없어서 '아무것도 할 수 없는' 사람들은 가난과 고독이 떠안기는 만성 스트레스에 시달린다. 거꾸로 기업의 높은 자리에 있는 경영자는 탈진증후군에 시달릴 수는 있어도 스트레스는 덜하다. 이것은 로버트 새폴스키가 올리브 개코원숭이를 대상으로 실시한 실험 결과가 증명한다.[35] 우두머리가 서열이 낮은 원숭이들에게 전횡을 휘두를수록 부하 원숭이들의 혈액에서 더 많은 스트레스 호르몬이 검출되었다. 그 결과 부하들은 더 자주 아프고, 더 빨리 사망했다.

내가 할 수 있는 게 전혀 없는 상황에서 순간적으로 느끼는 스트레스도 통제력 상실로 설명이 가능하다. 대표적인 경우가 교통체증이다. 운전자에게는 꼼짝없이 차 안에 붙잡혀 있어야 하는 순간처럼 절망적이고 고통스런 시간도 드물다.

에바 페터스와 통화한 시간에 나는 극심한 스트레스를 받았다. 내가 정신을 차려 대화의 실마리를 붙잡기까지는 제법 시간이 걸렸다.

그날 그녀는 내가 통제력 상실로 땀을 비 오듯 쏟거나 말거나 말문이 턱 막히는 것은 두뇌의 어느 부위 탓인지 잘 설명해주었다. 어찌해서 스트레스가 우리에게 큰 도움을 주는지, 왜 스트레스가 난관을 슬기롭게 극복하도록 돕는지 그 이유도 가르쳐주었다. 그와 더불어 왜 우리는 한가로웠던 순간보다 극심한 스트레스에 시달린 순간을 더 잘 기억하는지도 알려주었다.

○○○ 젊은 뇌와 오래된 뇌의 싸움

15년 전 나도 통제력을 잃을 뻔한 경험을 했다. 그런 경험은 지금까지 살면서 손가락에 꼽을 정도에 불과하다. 그것은 에바 페터스와 통화할 때와 전혀 다른, 즉 인류가 석기시대부터 겪어온 종류의 스트레스였다. 그날 나는 눈이 빙글빙글 도는 높은 곳에서 고소공포증에 시달렸다.

독일이 통일되기 직전인 1990년 어느 날, 나는 사진을 담당하기로 하고 기사를 작성할 페르와 함께 도이치-오시히 마을로 취재를 갔다. 당시만 해도 동독 땅이던 그곳은 1988년 동독 정부가 갈탄 채굴을 위해 마을 주민에게 퇴거 명령을 내리면서 사람이 살지 않는 황량한 채굴지로 변한 상태였다. 우리가 갔을 때 그곳에 남은 주민은 여섯 명에 불과했고 교회와 학교, 집은 거의 다 무너져 있었다.

채굴 현장으로 들어가는 것은 불법이었으나 우리는 취재를 위해 불법을 저지르기로 마음먹었다. 마침 일요일이라 일꾼들도 없었다. 그런데 갑자기 막사의 문이 벌컥 열리더니 두 남자가 우리 쪽으로 걸어왔다. 감시원일까? 체포당할까 봐 조마조마한 것은 잠시 뿐이었고, 그들은 친절하게 채굴 현장 분위기와 작업 공정 등 이런저런 이야기를 들려주었다. 그러던 중 일꾼 하나가 한쪽에 서 있는 거대한 준설기를 가리키며 뜻밖의 제안을 했다.

"저 위에 올라가서 사진을 찍으면 정말로 멋진 장면이 잡힐 겁니다."

그 말을 들은 내 심정이 어땠을 것 같은가? 와우, 기뻐서 환호성을 질렀을 것 같다고? 천만의 말씀이다. 나는 그때부터 극심한 스트레스에 휩싸였다. 물론 멋진 사진은 얻겠지. 그것을 얻자고 수천 킬로미터를 달려 여기까지 온 게 아닌가. 더구나 멋진 장면을 포착할 기회까지 잡다니! 하지만 고소공포증이 있던 나는 높은 곳에 올라가면 늘 식은땀이 나고 눈앞이 캄캄해졌다.

그럼에도 나는 기자의 본능으로 고개를 끄덕였고 우리는 함께 준설기를 향해 걸어갔다. 거리가 가까워질수록 준설기의 덩치가 점점 커지면서 입이 바짝바짝 타기 시작했다. 마침내 준설기가 있는 곳에 도착하자 그 위로 올라가라고 제안한 일꾼이 말했다.

"여기 이 사다리로 올라가서 저기 긴 팔을 타고 끝까지 걸어가면 돼요."

아, 페르는 얼마나 운이 좋은 인간인가. 글만 쓰면 그만이니 굳이 높은 곳까지 올라갈 필요가 없지 않은가. 인적이 끊

긴 마을과 준설기 이야기는 땅에서도 얼마든지 쓸 수 있지만 사진은 그렇지 않다. 현장을 찍으려면 내가 직접 저 위로 올라가는 수밖에 없다.

호들갑을 떠는 겁쟁이라는 오해를 피하기 위해 그날 내가 올라간 준설기 모델이 1510 SRs 6300이라는 사실을 꼭 말해야겠다. 지금도 세계 최대 준설기로 꼽히는 그 기계는 1978년 처음 가동했을 때 육지를 달리는 대형 차량 중에서도 단연 규모 1위를 기록했다. 그런데 내가 높이가 96미터에 이르고 하루 최대 24만 톤의 석탄을 옮기는 그 거인의 쫙 벌린 양팔을 걸어가야 했던 것이다.

그때 나는 내 몸에서 벌어진 스트레스 잔치의 원인을 알지 못했다. 한스 셀리에의 연구 결과도, 그가 설명한 특별할 것 없는 원인도 전혀 알지 못했다. 나를 사로잡은 것은 그저 공포 그 자체였다. 지금도 생생히 기억하는데 심장이 벌렁거리고 입술이 바짝바짝 탔으며 팔다리가 후들거렸다. 강철 사다리를 오르며 나는 홍적세의 호모사피엔스가 그랬듯 도망칠지, 맞서 싸울지 두 가지 대안을 고민했다.

만약 도망치면 그 자리를 피한 후 평생 페르에게 겁쟁이라고 놀림을 받을 것이다. 최악의 경우 쓸 만한 사진 한 장 건지지 못하고 빈손으로 돌아가야 할지도 모른다. 결국 싸우기로 결심한 나는 군데군데 녹이 묻은 사다리를 올라 쭉 뻗은 준설기 팔의 맨 끝까지 걸어갔다. 팔의 폭이 1미터도 채 되지 않아 걸음을 뗄 때마다 죽음을 각오했다. 그날 내가 돌아가라는 머리의 애원을 애써 무시하고 발길을 돌리지 않은 것은 이런 생각 때문이었다.

'나는 일하고 있어. 이건 내 직업이야. 내 몸이 아니라 일이 더 중요해.'

그 생각은 큰 도움을 주었고 나는 용기를 내 걸음을 옮겼다. 비록 한스 셀리에라는 이름은 들어본 적도 없었으나 나는 내 극단적 스트레스 반응을 본연의 모습으로 이해하려 노력했다. 머릿속에서 일어나는 신경학적 과정, 정신활동, 심리학 대상으로 말이다.

실제로 추락 위험은 크지 않았다. 공포에 사로잡혀 안전 난간 너머로 몸을 던지지만 않는다면 실질적인 위험은 없었다. 진짜 문제는 내 발밑의 허공이 아니라 내 머리를 초토화한 생각의 홍수였다. 이건 패닉의 전 단계인가? 혹시 내가 미치기 일보직전은 아닐까?

그동안 두뇌학자들은 당시 내 머릿속에서 벌어진 일을 멋지게 해독해냈다. 그날 내 머릿속에서는 편도핵과 대뇌가, 즉 생존 메커니즘과 합리적 사고가 싸움을 벌였다. 이것은 전통을 자

진짜 문제는 내 발밑의 허공이 아니라
내 머리를 초토화한 생각의 홍수였다.

랑하는 오랜 뇌 부위와 젊은 뇌 부위가 벌인 난타전이었다.

좀 더 구체적으로 말하자면 내 대뇌는 상황을 위험하지 않다고 분석했다. 반면 스트레스 발생에서 중추적 역할을 하는 편도체는 원시적으로 반응했다. 그날 편도체가 승리를 거뒀다면 사진 찍기를 거부했겠지만 다행히 대뇌가 승리해 나는 두려움을 참고 높은 곳에 오를 수 있었다.

10분 후 나는 계단을 내려왔고 최고의 사진과 환희로 보상을 받았다. 성공을 확신한 순간 공포는 서서히 기쁨으로 바뀌었다. 아드레날린이 떠난 내 몸을 엔도르핀이 듬뿍 적셔준 것이다. 그날 다시 땅에 내려온 나는 황홀경과 흡사한 기분에 빠져들었다.

아마 다른 상황이었다면, 꼭 그래야 하는 이유가 없었다면 나는 결코 그 높은 곳까지 오르지 못했을 것이다. 결국 두려움을 이기지 못했을 테니 말이다. 그러나 그날은 스트레스까지도 내가 임무를 완수하도록 도움을 주었다. 호르몬으로 출렁거린 내 몸이 고도의 집중력을 발휘하는 공격 무기로 변신해 그 높은 곳까지 나를 떠밀어 보낸 셈이다.

1970년 6월 3일 파일럿 닐 윌리엄스Neil Williams의 머리에서도 당시의 나와 비슷한 일이 일어났을 확률이 높다. 물론 생사의 기로에 놓인 그와 직접적으로 비교하는 것은 당치도 않다. 기적을 믿는 사람에게는 그의 생존이 한 편의 기적 같은 드라마로 보일지도 모른다. 그런데 통제력을 잃을지도 모를 절체절명의 상황에서 그가 고도의 집중력을 발휘해 무사 귀환하도록 도와준 것은 바로 스트레스 반응이었다.[36]

영국인 곡예비행 전문가 윌리엄스는 그날 곡예비행 챔피언십을 앞두고 맹연습 중이었다. 그가 탄 비행기는 체코산 즐린이었고 그는 영국 남부 흘라빙턴의 공군기지 상공에서 이제 막 두 번째 연습을 마쳤다. 곡예비행은 몸도 마음도 고도의 긴장을 요하는 일인지라 그는 벌써 지쳤다. 비행 중에는 계속 3차원 공간에서 비행기 위치를 생각해야 한다. 몇 초 간격으로 비행기 위치를 바꿔야 하는 까닭이다. 이처럼 극심한 방향 전환은 원심력을 일으키고 이때 보통 사람은 피가 뇌로 흐르지 않아 의식을 잃는다. 또 속도와 비행 방향이 바뀔 경우 자기 몸무게의 최고 아홉 배에 달하는 압력이 몸에 가해진다. 극단적인 가속과 커브에서는 그 압력이 지구 중력가속도의 몇 배에 이를 수 있다. 지구의 중력가속도는 보통 9.81m/s2이다.

다시 세 번째 비행에 들어간 윌리엄스는 기체가 공중회전을 4분의 3쯤 돌고 바닥을 향해 돌진하는 순간 수평으로 돌아가려고 조종간을 위로 잡아당겼다.

"갑자기 뭔가 부서지는 소리가 나면서 기체가 심하게 흔들렸다."[37]

훗날 윌리엄스는 그 순간을 이렇게 회상했다. 강한 원심력 탓에 왼쪽 날개 내부의 지지대가 부러졌던 것이다. 그때 기체가 왼쪽으로 기울었고 날개는 약 45도 위로 접혀 금방이라도 부서질 것 같았다. 상공 100미터도 채 되지 않는 곳에서 기체가 바닥을 향해 곤두박질쳤다.

그 정도면 대개는 몇 초 안에 사망하지만 노련한 그는 그런 위급한 상황에서 다른 즐린 모델을 몰다가 비슷한 일을 겪은 불가리아의 동료[38]를 떠올렸다. 그 불가리아 파일럿은 당시 기체가 뒤집힌 상태로 날고 있었는데, 볼트가 부서지면서 날개가 꺾였고 비행기가 기울었다. 하지만 그 순간 놀라운 일이 일어나면서 비행기는 추락하지 않았다. 기체를 뒤집어 정상 상태로 돌리자 날개가 반대 방향으로 접히면서 원위치로 돌아갔고, 압력 덕분에 그 상태를 유지해 무사히 착륙했던 것이다.

영국인 윌리엄스는 초고속 상태에서 동유럽 동료의 경험과 자신의 탄탄한 물리학 지식을 총동원해 해결책을 강구했다.

그는 그 짧은 순간에 중력가속도, 그러니까 그때 비행기와 각 부품에 작용하는 가속의 힘을 떠올렸다.

놀이동산의 롤러코스터를 타면 중력가속도의 작용을 몸으로 경험할 수 있는데, 그것이 바로 자극적인 쾌감의 원천이다. 수직 상태에서는 양성 가속도와 음성 가속도가 구분된다. 양성 가속도는 롤러코스터가 골짜기를 통과할 때 느껴지며 그때 우리 몸에 가해지는 중력가속도는 4.5그램이다. 음성 가속도는 롤러코스터가 정상을 통과하거나 가파른 내리막을 곤두박질칠 때 경험한다. 그럴 때 안전벨트를 하지 않으면 우리 몸은 밖으로 튕겨나간다.

불가리아 파일럿의 경우 비행기가 정상 비행 위치로 돌아왔을 때 날개의 안정을 찾아준 것은 양성 가속도였다. 윌리엄스는 비행기에서 볼 때 날개가 위로 접힌 상태라 불가리아 파일럿과는 정반대 상황이었다.

"양성 가속도가 그 불가리아 동료를 구했다면 음성 가속도가 나를 구할 수도 있지 않겠는가?"[39]

윌리엄스는 기체가 뒤집힐 때까지 조종간을 왼쪽으로 젖힌 다음 다시 앞으로 밀었다. 기체는 뒤집힌 상태로 약간 하늘 방향으로 꺾였고 음성 가속도가 그의 머리로 피를 밀어 넣었다. 여기에는 중력가속도도 한몫했다. 그는 다음과 같이 회상했다.

"자칫하면 나무에 걸리겠다 싶었는데 기체가 코를 치켜 들더니 위로 떠올랐다."

문제는 착륙이었다. 날개는 뒤집힌 상태로 있어야 안정적이었고 그에게는 낙하산이 없었다. 그는 안전벨트에 거꾸로 매달린 채 무릎으로 조종간을 꽉 붙들고 양손으로는 안전벨트를 최대한 꽉 잡았다. 그 상태로 그는 미친 듯이 생존 가능성을 고민했다.

일단 그는 기체를 건드리지 않기로 결정했다. 그렇지 않아도 불안한 날개가 잘못하면 부서질 수도 있었기 때문이다. 그러면 거꾸로 매달린 채 그대로 활주로로 내려가야 할까? 어디 착륙할 나무가 없을까? 비상착륙할 호수는 없을까?

그는 좀 더 복잡한 방법을 택했다. 가급적 느린 속도로 최대한 활주로 가까이 내려간 다음 기체를 옆으로 세우기로 한 것이다. 시속 140킬로미터로 나는 기체가 땅에 근접하자 그는 조종간을 힘껏 오른쪽으로 밀었다. 순간의 음성 가속도 때문에 기체는 코로 바닥을 쓸더니 방향을 돌려 정상 위치로 돌아갔다. 하지만 양성 가속도의 영향으로 왼쪽 날개가 다시 위로 접혔고 그 바람에 기체가 심하게 흔들리면서 활주로에 부딪쳐 바닥을 긁었다.

"나는 몸을 동그랗게 말았다. 무릎과 발은 위로 당기고 머리는 아래로 깊게 밀어넣고는 양팔로 감쌌다. 앞창으로 세상의 흐린 장면들이 획획 지나갔다. 그리고 큰 충격을 끝으로 모든 것이 멈추었다."

그날 그가 이 세상을 하직하지 않은 것은 무엇보다 뛰어난 정신력 덕분이었다. 보통 사람 같으면 패닉에 빠져 온몸이 얼어붙었을 테지만 그는 오히려 평소보다 더 총명한 정신으로 마지막 순간까지 최선을 다했다. 윌리엄스뿐 아니라 극단적인 스트레스 상황에서 갑자기 놀라운 집중력을 발휘한 위대한 사람의 이야기는 수없이 많다.

그 반응의 비밀은 우리 뇌가 분비하는 전달물질에 있다. 그것이 일차적으로 위기 상황에 필요한 스트레스를 조성하고 대뇌피질의 주요 부위를 활성화한다.

1990년 나를 바꿔놓은 것도 바로 그 전달물질이다. 그것이 고소공포증으로 벌벌 떨며 갈탄 준설기로 올라가던 내 사고기관을 예리하게 갈고닦았다. 덕분에 나는 고도의 집중력을 발휘해 그 높은 곳까지 올라갔다. 정신이 얼마나 초롱초롱했던지 지금도 그 장면이 또렷하게 기억난다. 발밑의 대기, 눈앞의 풍경, 머리 위 하늘, 겁이 나서 꽉 움켜잡았던 난간의 녹 부스러기, 후들거리던 내 다리까지 말이다.

그리고 나는 도전을 마치고 돌아온 용사의 그 찬란한 기분을 기억한다.

2장

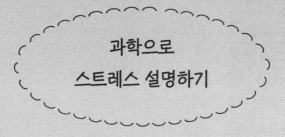

과학으로
스트레스 설명하기

1

우리는 모두 터보엔진이다

1970년대 중반 포르셰는 당시 독일에서 가장 빠른 스포츠 카 911 터보를 세상에 선보였다. 구매력 있는 자동차광이 아니면 감히 엄두도 내지 못한 그때의 그 신기술은 이제 거의 모든 자동차가 장착하고 있다. 그사이 거의 모든 자동차 제조업체가 터보엔진을 장착한 자동차 모델을 널리 보급했기 때문이다. 왜 터보엔진 기술이 이토록 인기를 누리는 것일까? 그 모델을 몰아본 사람이면 누구나 알고 있듯 무엇보다 가속치가 대단하다.

이 원칙을 활용하면 적은 배기가스 배출량으로 동일한 성능을 올리는 것도 가능하다. 엔지니어들은 이를 '다운사

이징'이라 부르는데 터보차징을 구비한 현대 엔진의 성공 비법도 결국은 이것이다.

ᴖᴖᴖ 인체 성능을 높이는 생물학적 메커니즘

인간에게도 이와 비슷한 시스템이 있다. 우리의 성능과 효율을 높이는 생물학적 가능성은 바로 스트레스를 느끼는 능력이다. 스트레스의 영향으로 인체는 위험이 닥치는 순간 도망치든 맞서 싸우든 두 가지 대안 중 하나를 선택한다. 터보차징 기술을 구비한 자동차처럼 1초 이내의 짧은 순간에 자신의 성능을 최대치까지 끌어올리는 것이다.

우리는 진화 과정을 거치며 이런 능력을 계발했다. 까마득한 옛날 조상들의 생존을 보장해준 그 시스템은 종류를 불문하고 지금껏 각종 위험으로부터 우리를 지켜주고 있다. 더위, 추위, 소음, 공복, 전기충격, 맹수, 따돌림, 마약, 심지어 첫 데이트까지도 말이다.

물론 인간은 기술자가 디자인한 이동수단이 아니므로 인체에서 일어나는 일은 보닛 아래에서 일어나는 일과는 살짝 다르다. 스트레스를 받으면 인체는 혈압이 올라가고 맥박이 빨라지며 심장 근처의 혈관이 좁아진다. 이때 숨이 가쁘고 기관지가 확장된다.

자동차의 터보엔진은 더 많은 연소가스가 엔진으로 들어가도록 만든다. 인간은 산소가 들어 있는 혈액을 더 많이 뇌로 보내는데, 이것이 얼굴이 빨개지는 이유다. 그 순간에 가장 필요한 근육도 혈관 확장으로 산소를 추가로 공급받는다. 또한 어깨와 목, 등, 다리 근육이 긴장하면서 반사 행동 속도를 높인다. 이제 우리는 필요하면 언제라도 주먹을 더 빨리, 더 효율적으로 날리고 다리를 잽싸게 움직여 달릴 수 있다. 터보엔진 역시 회전 속도를 높여 더 빠른 속도로 아스팔트를 달리지 않는가.

기계든 인간이든 탄소화합물을 연소해 힘을 얻는다. 자동차는 화석연료를 사용하고 우리 세포는 포도당을 이용하지만, 둘 다 탄소 형태로 저장한 에너지라는 점은 동일하다. 그리고 우리는 폐로, 자동차는 배기관으로 둘 다 탄산가스를 배출한다.

도주나 공격에 필요한 부위가 집중적으로 탄수화물을 이용하도록 인체는 다른 신체 부위의 연소 능력을 떨어뜨린다. 이때 피부와 손, 발 등 신체 바깥 부분의 혈관이 좁아지고 혈액순환 능력이 떨어져 손과 발이 차가워지는 현상이 나타난다.

이런 비상시국에 인체는 저장 창고에서 에너지를 끌어온다. 이것은 창고에 차곡차곡 모아둔 에너지를 급하게 방출하는 것으로 가장 중요한 에너지 저장고는 간이다. 예를 들어 착실한

마라토너는 경기를 앞두고 2주 동안 절대 금주한다. 그래야 간이 알코올 해독에 힘을 빼앗기지 않고 에너지 저장에 집중할 수 있기 때문이다.

스트레스가 발생하면 간은 창고에 저장해둔 당(글리코겐)을 혈액으로 쏟아낸다. 선물의 첫 수혜자는 뇌다. 이는 사고기관이 최단 시간 내에 최선의 선택을 해야 하는 까닭이다. 뇌는 신경 회로를 활성화하고 빠른 연료 공급(과 추가 산소)에 힘입어 순식간에 초롱초롱하게 깨어난다. 동시에 신체는 근육이 제일 반기는 연소물인 지방산을 분비한다.

이때 근육의 긴장도는 증가하지만 생존을 좌우하지 않는 신체 부위의 긴장도는 오히려 줄어든다. 그 대표적인 것이 장 근육이다. 다들 경험해봤을 테지만 위험이 닥치면 일시적으로 음식물 소화가 중단된다. 스트레스를 받을 경우 소화기가 입구부터 활동을 중단하는 탓에 침이 마르고 입이 바짝바짝 탄다.

반면 요의가 강해져 얼른 화장실로 달려가고 싶어진다. 갑자기 설사가 나기도 한다. 신체가 최대한 민첩해져야 하므로 아직 소화가 덜 되었어도 쓸데없는 짐은 얼른 털어버리려 하기 때문이다. 스트레스 반응이 격할수록 소화기관 전체를 비우고 싶은 욕구가 커진다.

◠◠◠ 의식의 개입 없이 자동적으로

우리는 이처럼 신체에서 일어나는 수많은 과정을 자각하지 못한다. 스트레스가 성욕을 억제하고 성기의 혈액순환을 방해해도 위험한 상황에서는 그 사실을 전혀 인식하지 못한다. 면역계의 갑작스러운 활동도 우리의 인식 범위를 넘어선다. 즉, 우리가 스트레스를 받으면 면역계는 부지런히 킬러 세포를 생산한다. 우리가 위험을 막다가 상처를 입을 경우 그곳으로 들어올 적을 방어하기 위해서다.

혈액 역시 예방 차원에서 흐름이 빨라져 출혈이 멈추고 상처가 아문다. 그런데 왜 갑자기 겨드랑이에서 땀이 솟는 것일까? 학창 시절에 교탁 앞으로 불려나가 발표할 때면 자신도 모르게 땀이 났던 경험이 있지 않은가. 승강기를 타고 에펠탑에 오르거나 면접을 볼 때도 마찬가지다.

식은땀의 목적은 예방에 있다. 몸을 본격적으로 움직이기 전에 마치 정오의 뙤약볕 아래에서 마라톤을 하는 것처럼 땀이 대량으로 쏟아진다. 이는 에어컨을 가동해 몸이 과열되는 것을 막기 위한 조처다.

한스 셀리에는 생명체가 모든 스트레스에 놀랄 정도로 "비전문적으로" 반응한다고 말했다. 날씨가 나빠도, 배가 고파도, 폐쇄된 공간에 들어가도 인체의 반응은 동일하다. 이 관찰

식은땀의 목적은 예방에 있다.

결과를 바탕으로 그는 1936년 모든 고등생물은 외부조건에 대한 신체 반응이 동일하다는 '일반 적응 증후군' 이론을 주장했다. 이것은 우리가 유전자 덕분에 의식의 개입 없이 자동적으로 반응함으로써 힘을 최대한 끌어 모아 번개처럼 빠르게 위험을 모면할 가능성을 높인다는 얘기다.[40]

셀리에는 일반 적응 증후군 이론을 기반으로 장기 스트레스 자극에 따른 신체의 3단계 반응 모델을 설명했다. 처음 경보 단계에서는 호르몬이 폭포수처럼 쏟아져 신체를 활성화하고 저장된 에너지를 사용한다. 이어 저항 단계에 돌입하면 인체는 위험을 극복하고 정상 상태를 회복하기 위해 노력한다. 세 번째는 소진 단계다.

연구자들은 이미 오래전에 보다 복잡한 모델을 구상했는데, 그동안의 연구 결과를 보면 스트레스 반응은 그다지 전형적이거나 비전문적으로 이뤄지지 않는다. 오히려 매우 개별적이다. 즉, 인간은 똑같은 스트레스 요인에도 다양하게 반응한다. 가령 어제는 아무렇지도 않던 일이 오늘은 '폭발'의 원인이 되기도 한다. 우리는 리질리언스, 즉 회복탄력성 현상도 잘 알고 있다. 똑같은 스트레스에도 어떤 사람은 병이 들지만 또 어떤 사람은 전혀 영향을 받지 않는다.

각인 역시 어린 시절의 그것뿐 아니라 훗날의 각인도 우

똑같은 스트레스에도
어떤 사람은 병이 들지만
또 어떤 사람은 전혀 영향을 받지 않는다.

리의 반응에 큰 영향을 미친다. 그것은 유전자와 함께 스트레스를 대하는 우리의 태도를 결정한다. 이 모든 것은 반응 시작과 조절을 담당하는 뇌가 결정한다.

2

스트레스의 출발점

인간의 조종실에서는 슈퍼컴퓨터가 일하고 있다. 그곳의 다양한 부서에서는 1,000억 개의 신경세포가 열심히 작업을 한다. 심장박동과 소화를 담당하는 신경세포가 있는가 하면 우리가 넘어지지 않게 잡아주는 세포도 있다. 각 특수팀은 하루 일정을 계획하고 괴테의 작품을 감상하며 무릎 통증을 분석한다. 그중에는 반사행동을 책임지는 팀도 있고 쾌락과 갈증을 담당하는 팀도 있다. 만약 갈증이 일어나면 이 팀이 물을 마시는 데 관여하는 쉰 개의 근육, 간, 신장, 이두박근에게 지시를 내린다. 각 팀에는 제각각 할 일이 정말 많다. 초당 뇌로 쏟아져 들어오는 정보의 양이 무려 약

110만 바이트이기 때문이다. [41]

이 엄청난 정보를 선별해 폐기하거나 담당자에게 전달하기 위해 머릿속 슈퍼컴퓨터에는 1,000억 개의 뉴런이 시냅스로 연결되어 있다. 이 신경접합부 숫자를 세려면 상당한 인내심이 필요하다. 자그마치 0이 열여덟 개나 붙은 몇백조 단위의 시냅스를 헤아려야 하는 까닭이다.

이것은 우리의 조절 센터가 간단한 자극에 즉각 반응하기만 하는 단순한 기관이 아니라는 증거다. 산이 떨어지면 꿈틀하며 몸을 오그리는 지렁이와 달리 인간의 뇌는 여러 개의 블록으로 구성된 복잡한 정보 처리 기계로 이곳에서 수많은 문제를 해결한다.

어쩌다 사고기관의 일부가 밀려들어온 정보를 근거로 위험이 닥칠 것이라고 판단하면 갑자기 그곳이 분주해진다. 다시 말해 적어도 하나의 모듈이 스트레스 반응의 적절성을 주장할 경우 1,000억 개 세포로 이뤄진 미로에서 야단법석이 벌어진다.

ᵒᵒᵒ 의식으로 가는 문

주변 환경과 신체 내부에서 뉴스를 물어다 나르는 주요

소식 공급원은 감각기관이다. 가령 눈, 코, 귀, 입, 피부의 감각기관이 정보를 생물학적 신호로 바꿔 뇌에 전달한다. 그러면 해당 부서는 순식간에 그 내용을 하나의 이미지로 만들어 평가한다. 믿어도 될까? 위험할까? 우리가 아는 것일까?

그런데 스트레스의 출발점을 찾다 보면 우리가 도착하는 곳은 '침실'이다. 웬 침실이냐고? 이름 때문에 혼란이 생길 수도 있지만 사실 이름은 머리 한가운데에 자리 잡은 이 장소의 기능과 아무 관련이 없다. '침실'은 고대 그리스어 탈라무스Thalamus의 뜻을 그대로 옮긴 것에 불과하다. 지금은 탈라무스를 흔히 시상視床이라 부르는데 이것은 대뇌 중심부에 자리 잡은 큰 회백질 덩어리다.

몸 안팎에서 밀려온 정보는 대부분 이곳에 도착한다. 정보를 처음 수신한 시상은 이 정보를 여과하고 분류한다. 물론 세밀한 분석은 불가능하며 그저 어떤 처리 기관으로 보낼지, 어떤 것을 의식으로 보낼지 즉흥적으로 결정하는 수준이다. 시상을 '의식으로 가는 문'이라는 명예로운 별명으로 부르는 것도 이런 이유에서다.

시상은 스트레스 반응의 두 주인공에게 동시에 정보의 물결을 내보낸다. 한쪽은 편도핵이고 다른 한쪽은 이마 바로 뒤편에 자리한 전두엽의 앞부분으로 흔히 전전두피질이라 부른다.

전전두피질은 스트레스 요인을 평가해 그 반응을 올바른 길로 안내할 때(와 장기적으로도) 중추적 역할을 맡는다. 뇌의 이 부위는 인간이 원숭이와 다른 지점으로 진화 역사에서 인류가 가장 늦게 획득한 성과물이다. 인간의 전두엽은 진화의 마지막 몇 백 년 동안 급속도로 성장해 뇌의 3분의 1을 차지하고 있다. 원숭이는 뇌의 6분의 1에 불과하다.[42]

이곳은 인간만 할 수 있는 사고를 담당한다. 즉, 이곳은 예측하고 계획하고 판단하고 행동을 지시하는 역할과 예술적 창의력을 맡고 있다. 전두엽은 이런 고차원적 업무에 집중하기 위해 빛, 소리, 냄새, 맛, 촉감 등 상대적으로 단순한 정보는 오랜 전통을 자랑하는 다른 뇌 부위에 맡긴다.

그렇다고 전두엽이 제 잘난 맛에 취해 사는 것은 아니다. 전두엽은 항상 감각을 처리하는 모듈과 접촉하기 위해 노력한다. 이 센터들의 정보를 받아들여야 한껏 능력을 발휘할 수 있기 때문이다. 전두엽은 일종의 긍정적 피드백 루프를 이용해[43] 뇌의 나머지 부분과 소통한다.

뇌는 머릿속에 들어온 정보들이 깊은 알프스 계곡의 바위벽을 이곳저곳 부딪치며 나아가는 메아리처럼 모듈 사이를 이리저리 오가는 동안 그것을 기존의 저장기억과 비교하고 점검한다. 또한 뇌는 이 방식으로 자료실에서 특정 상황과 비슷한 상황을 찾아본다. 그 무수한 이미지 중에서 만약 뇌가 위험 요인을 확인하면 전두엽이 즉각 경보를 울린다.

◌◌◌ 편도체는 놀랍도록 독립적이다

전두엽이 경보를 울리면 시상에서는 정보를 넘겨받는 또 하나의 수신자가 팔을 걷어붙이고 나서서 협력한다. 그것은 흔히 편도핵이라 불리는 편도체다. 사실 이쯤이면 전두엽보다 편도체가 더 핵심적인 역할을 맡는다. 신체의 스트레스 반응을 불러일으켜 상황에 따라 분노, 공포, 화 등의 강렬한 감정으로 분위기를 돋우는 주인공이 바로 편도체다.

다들 위험을 인지하기도 전에 심장이 두근거리고 겨드랑이에서 땀이 솟구치며 불안이 엄습했던 적이 있지 않은가. 스트레스 반응은 생각을 앞지른다. 급격하게 큰 전류가 흘러 전기를 차단시키는 합선처럼 어떤 정보들은 지름길을 달려 한꺼번에 밀려들기도 하는데. 이런 반응의 원인 역시 편도체 때문이다. 전두엽이 생각을 분류하고 정리해 위험 상황이라는 판단을 내릴 때까지 편도체가 두 손 놓고 가만히 기다리는 경우는 거의 없다. 그러기엔 편도체의 성질이 만만치 않다.

이제 전통과 역사를 자랑하는 이 뇌 부위를 상세히 알아

스트레스 반응은 생각을 앞지른다.

보자. 편도체는 변연계의 일부로 척추동물이라면 예외 없이 가지고 있는 뇌 부위다. 변연계는 2억 년도 더 전에 최초의 포유류가 지구에서 살기 시작한 이후 만들어진 곳인데, 일반적으로 '포유류의 뇌'라고 부른다(갑각류의 뇌라 부르는 뇌간은 역사가 더 오래되어 약 5억 년 전에 만들어졌다).

변연계는 학습 내용을 기억에 저장하도록 도움을 주는 한편, 충동적이고 본능적인 행동을 할 때도 중요한 역할을 한다. 공포, 분노, 성욕, 공격성은 이 부위의 핵심 자질이다. 변연계 안에서도 공포를 담당하는 편도체는 시상에서 받은 정보를 점검해 위험의 기미가 없는지 살핀다. 변연계가 처리하는 다양한 학습업무 중 특히 정서적 연상과 관련된 것도 편도체에 도달한다. 이에 따라 감정과 관련된 여러 생각이 의식적·무의식적으로 서로 결합하면 편도체가 열심히 나서서 관여한다.

내 편도체는 약 40년 전의 한 사건을 굉장히 꼼꼼하게 저장했다. 어찌나 꼼꼼한지 지금도 생생하게 기억날 정도다. 옆집에 살던 내 친구 슈테판은 흰 털이 길고 아름다운 사모예드(썰매용 개) 한 마리를 키웠다. 어느 날 학교 수업을 마치고 집으로 달려가던 나는 계단을 쏜살같이 내려오던 그 개와 정면으로 딱 마주쳤다. 그때 나뿐 아니라 개도 소스라치게 놀라는 바람에 개가 내 왼쪽 허리를 물었다. 그래도 나는 운이 좋은 편이었다. 개는 그 정도에서 공격을 멈췄고 우리 집 주치의인 친구의 아버지는 신속하게 손을 써서 찢어진 살을 꿰맸다.

그러나 꿰매지 못한 채 남은 것이 있었다. 아마 그것까지 다 꿰매려면 내 변연계를 통째로 꺼내 수리해야 했을 것이다. 그 사건은 내 기억장치 속에 의식적 기억으로 남았고 내 편도체 역시 그 나름대로 무의식적 기억을 저장했다. 그만큼 편도체는 놀랍도록 독립적이다. 의식과 상관없이 자기 고집대로 정보를 저장하고 또 제 마음대로 기억을 불러내니 말이다.

편도체가 작업하는 시간에는 굳이 자의식이 옆에 있을 필요가 없기 때문에 어떤 사건은 기억도 나지 않는데 정서적 반응이 나타나기도 한다. 뉴욕의 두뇌학자 조지프 르두Joseph LeDoux는 몇 가지 공포증이 어떻게 탄생하는지 이 방식으로 설명할 수 있다고 추측한다. 어린 시절에 트라우마를 겪으면 그 정보는 편도체에 저장된다. 예를 들어 한 살 때 말벌에게 팔을 쏘일 경우 그 사람은 어른이 되어서도 말벌을 무서워한다. 그 이유를 합리적으로 설명할 수는 없지만 공포가 수시로 깨어난다. 이것은 편도체 때문인데 르두는 의식적 사고로 조절할 수 없는 그런 감정적 행동 방식을 '예지적 정서precognitive emotion'라고 부른다.

나는 지금도 공원에서 조깅을 하다가 시야에 강아지가 등장하면 놀랄 정도로 당황한다. 치와와 같은 작은 강아지가 짖는 소리에도 온몸의 털이 쭈뼛 선다. 내 편도체가 앞서 말한 대로 생각을 앞질러 반응하기 때문이다. 다른 뇌 부위가 재빠른 사고 과정을 거쳐 나를 해칠 수 없는 작은 강아지가 잠시 목청을 높였을 뿐이라는 사실을 인지하기까지 내 편도체가 도무지 기다려주지 않는 것이다.

그래서 내 인생에는 곤혹스러운 순간이 넘쳐난다. 안타깝게도 내 주변엔 닥스훈트나 미니핀, 뒤룩뒤룩 살이 찐 강아지를 보고도 소스라치게 놀라는 나를 비웃는 사람이 아주 많다. 굳이 변명을 하자면 내 전두엽은 누가 봐도 용감하다. 하지만 아직 내 포유류 뇌, 내 변연계는 용맹성에서 전두엽에 한참 뒤처지는 것 같다.

3

뇌는 답을 알고 있다

내 전두엽과 편도체는 대기업 이사진이나 회장님과 다를 바 없다. 이들이 내린 결정을 현실화하려면 중앙의 지시를 실천에 옮길 각 부서 전문가가 필요하다.

전두엽과 편도체는 생명체에게만 있는 정보 채널로 직속 부하직원과 소통한다. 뇌는 자신의 결정을 몸에 전달할 때 전기신경자극을 이용한다. 그런데 그것만으로는 온몸 구석구석의 담당부서와 원활한 소통이 불가능하기에 여기에 더해 화학전달물질을 동원한다.

추측컨대 내 강아지 공포증은 마음 깊은 곳에 남아 있는 듯하다. 그래서인지 시야에 강아지가 들어오면 내 머릿속엔 날카로운 이빨이 있는 악한의 이미지가 떠오른다. 강아지를 보고 애정이 아니라 스트레스를 느끼는 셈이다. 그러면 조깅으로 상쾌하던 기분은 순식간에 사라지고 마음에는 편도체의 경보가 불러온 불안의 먹구름이 드리워진다.

◠◠◠ 편도체가 경보를 올리는 방법

편도체는 어떻게 경보를 울릴까? 신경세포가 전기로 소통할 때는 전류가 시냅스를 거쳐 이 세포에서 저 세포로 흐른다. 이때 전류의 속도는 무척 빠르지만 정보의 무게는 항상 동일하므로 뇌가 전기로만 서로 소통하면 금세 과부하에 걸릴 수밖에 없다. 그러면 엄청난 양의 정보 틈에서 중요한 것을 찾아 집중할 수 없고 '저기 개가 있다' 같은 아주 사소한 정보가 드라마틱한 정보와 동일한 강도로 전달된다. 한마디로 어떤 정보가 중요한지 명확해지지 않는다.

이런 이유로 신경세포들은 종종 화학 시냅스를 거쳐 대화를 나눈다. 즉, 세포 말단에서 전기신호를 화학신호로 바꿔 신경전달물질을 맞은편 세포에게로 보낸다. 여기에는 세포가 수신한 정보의 경중을 판단한다는 커다란 장점이 있다. 세포들은 '흥분' 메시지와 '진정' 메시지를 판단해 자극과 억제 중 올바른 전달물질을 골라 보내기만 하면 그만이다.

편도체가 경보를 내보낼 때 사용하는 글루탐산은 자극을 일으키는 쪽이다. 글루탐산이라는 말을 들으면 거의 모든 전전두피질이 아마 패스트푸드에 들어가는 감미료를 떠올릴 것이다. 실제로 둘은 같은 물질이지만, 글루탐산은 뇌와 척수로 구성된 척추동물의 중앙 신경계에서 매우 중요한 전달물질 중 하나이기도 하다. 편도체는 이 물질을 이용해 경보를 뇌 밖으로 내보낸다. 시냅스에서 글루탐산을 분비해 정문의 경비 아저씨에게 도움을 청하는 것이다.

⌒⌒⌒ 뇌의 경비 아저씨

인간의 뇌에서 경비 아저씨 역할을 하는 것은 뇌간이다. 뇌간은 우리가 살펴보는 이 한 편의 스트레스 드라마에서 편도체 다음으로 중요한 배우이자 오랜 세월을 살아온 할아버지다. 뇌간은 약 5억 년 전부터 척추동물의 삶에서 기본적인 임무를 맡아왔다. 그러니까 양서류를 닮은 육기어류 틱타알릭이 해안으로 헤엄쳐 와 어쩌면 최초의 척추동물로서 육지를 둘러보았을 그 시절에도 이미 1억 년 이상을 열심히 일해 온 할아버지다. 아칸토스테가나 익티오스테가 같은 원시 양서류가 뭍에서도 편안히 지내게 된 것은 지금으로부터 약 3억 700만 년 전의 일이다.

그때 이후 뇌간은 거의 변하지 않았다. 지금도 엄지손가락만 한 크기로 대뇌와 소뇌, 간뇌, 척수에 둘러싸인 채 우리 몸의 기본적인 일을 처리하고 있다. 심장박동, 장 활동, 혈압, 호흡, 수면을 담당하는 뇌간은 건물의 난방·환기·조명을 살피는 경비 아저씨와 닮았다. 그러한 역사와 전통을 고려해 뇌간을 '양서류의 뇌'라고 부르기도 한다.

경비 아저씨의 사무실에는 스트레스 센터인 청반locus coeruleus이 있는데 이것은 편도체의 지시를 처리한다. 우리가 한밤중에 잠을 자다가도 순식간에 정신이 번쩍 드는 것은 청반 덕분이다. 청반은 우리를 효과적으로 깨우기 위해 호르몬 노르아드레날린을 준비해둔다. 이것이 교감신경을 자극해 스트레스 반응이 뇌에서 몸으로 순식간에 퍼져 나가는 것이다.

⌒⌒⌒ 교감신경과 자율신경계

교감신경은 자율신경계의 일부다. 이것은 뇌의 하부 체계로 스트레스가 발생하면 장기와 사지에 뇌가 명령한 증상이 일어나도록 만든다. 원시 물고기가 바다를 유유히 헤엄쳐 다닐 때 만들어진 자율신경계는 뇌간처럼 그 역사가 매우 길다.

심장박동, 장 활동, 혈압, 호흡, 수면을 담당하는 뇌간은 건물의 난방·환기·조명을 살피는 경비 아저씨와 닮았다.

인체가 자기 뜻대로 조종할 수 있는 과정은 체성신경(운동신경)이 담당하고 그 나머지는 모두 자율신경계의 몫이다. 신진대사와 심장박동처럼 생명유지에 중요한 기능은 물론 땀샘이나 성기에 이르기까지, 자율신경계는 우리가 일상생활에서 굳이 생각하지 않아도 자동적으로 일어나는 모든 일을 알아서 처리한다.

폐는 의식적인 체성신경계와 자율신경계가 모두 작용한다. 그래서 우리는 의식적으로 숨을 깊이 들이마실 수 있지만 꼭 숨을 쉬어야 한다는 생각을 하지 않아도 저절로 호흡을 한다.

자율신경계의 중요한 부분인 교감신경은 척추를 따라 내려가면서 모든 장기와 혈관을 담당한다. 그 신경 말단에서 뇌간의 청반과 마찬가지로 노르아드레날린을 분비하면 자극을 받은 폐와 심장이 속력을 내기 시작하고 동공이 확장되며 간은 에너지 창고의 문을 활짝 연다.

그렇게 흘러간 호르몬의 강물은 부신에 도달한다. 부신은 양쪽 신장 위에 씌운 난쟁이 모자지만 신장과는 별로 상관이 없다. 신장은 독소를 배출하는 장기이며 성냥갑 크기의 부신은 능력 있는 호르몬 공장이다.

스트레스 반응이 일어날 경우 자율신경계의 현장 감독 부신수질이 팔을 걷어붙이고 나서서 이 반응을 다시 한 번 채근한다. 편도체와 청반이 스트레스 반응을 밀어붙이면 부신은 엄청난 양의 스트레스 호르몬, 즉 아드레날린, 노르아드레날린, 도파민을 분비한다. 이쯤이면 호흡기와 순환계는 최고의 기량을 뽐내고 땀샘이 활짝 열린다. 더불어 위험의 정체도 뚜렷이 밝혀진다.

◦◦◦ 몸과 마음을 진정시켜주는 것

그런데 알고 보니 위험이 아닌 경우도 있다. 뱀이라고 생각했는데 휘어진 나뭇가지인 것처럼 전혀 근거 없는 착각일 수도 있다. 승강기 문이 열리지 않아 초조해하는 순간 갑자기 문이 확 열린다면? 연단으로 걸어가는 동안 초긴장 상태였는데 막상 연단에 오르고 보니 마음이 편안해진다면?

이처럼 우리의 전전두피질이 걱정할 이유가 없다는 충분한 근거를 확보했다고 가정해보자. 내 경우 개 짖는 소리에 깜짝 놀랐는데 알고 보니 아주 작은 치와와라면 조금 전에 설명한 교감신경-부신수질 축이 활동을 멈춘다. 청반은 경고 신호를 중단하고 교감신경계는 휴식을 명하며 순환계는 진정된다. 또 땀샘이 마르고 혈중 아드레날린의 양이 떨어지면서 몸이 긴장을 푼다.

이렇게 우리의 몸과 마음에 평화를 돌려주는 반응은 누가 담당할까? 바로 교감신경의 적수 부교감신경이다. 교감신경은 흥분 작용을 담당하지만 부교감신경은 그 반대로 우리의 몸과 마음을 진정시킨다.

　잠깐! 만약 위험이 진짜라면 어떻게 하지? 개 짖는 소리의 주인공이 어마어마한 덩치의 도베르만이라면? 그놈이 나를 향해 달려오는 중이라면? 그래도 너무 걱정하지 마시라. 우리 뇌는 답을 알고 있다. 이제 스트레스 반응은 2단계로 접어든다.

4

두 번째 축

창문 없는 방으로 들어가니 천장에서는 네온 불빛이 쏟아졌고 책상 앞에 한 남자와 한 여자가 하얀 의사 가운을 입고 미동도 없이 앉아 있었다. 그들은 앞으로 30분 동안 나를 감시할 '위원회'다. 내가 인사를 해도 그들은 아무런 대꾸 없이 차가운 눈빛만 건넸다. 괜히 친절하게 먼저 인사를 건넨 잘못으로 벌을 받는 기분이었다.

그곳에서 내게 주어진 첫 번째 과제는 면접이었다. 면접을 볼 직종은 마음대로 선택할 수 있었고 나는 체육교사를 택했다. 이어 10분 동안 자기소개서를 준비하고 내 지능과 말솜씨, 신체, 자세 등을 묻는 설문지를 작성했다. 10분이

지나자 여성이 날카로운 목소리로 작성한 것을 내놓으라고
했다.

"준비 시간은 끝났습니다."

나는 마이크 앞으로 걸어가 위원회를 마주 보고 섰다.
왼쪽에는 흑백 모니터가 있고 카메라가 나를 찍고 있었는
데 그 카메라의 렌즈 못지않게 경직된 두 사람의 시선도 내
얼굴을 향했다. 내게 주어진 시간은 5분이고 남자가 스톱
워치를 눌렀다.

시작부터 입이 마르면서 목소리가 잘 나오지 않았고 호
흡도 가빴다. 나는 강한 사람, 적어도 강해 보이는 사람이
고 싶었다. 그런데 왜 내가 체육교사직에 적임자인지 설명
하는 동안, 내가 얼마나 학교를 좋아하고 아이들을 잘 다
루는지 설명하는 동안, 내 귀에 들려오는 말은 하나같이 공
허하기 짝이 없었다. 두 사람은 아무 말도 하지 않았다. 미
소를 짓지도, 고개를 끄덕이지도, 그렇다고 고개를 젓지도
않았다. 돌아오는 것은 얼어붙은 시선뿐이었고 그들은 가
끔씩 종이에 뭐라고 끼적었다.

내 자신감은 0을 향해 곤두박질쳤고 2분이 지나자 0을
지나 마이너스 상태로 접어들었다. 머릿속이 하얘지면서
말이 자꾸만 논지를 벗어나 삼천포로 빠졌다. 내가 했던 말

을 되풀이하자 위원회는 내 말을 자르고 차가운 음성으로
말했다.

"자신의 장점만 설명하세요."

머릿속을 헤집어 위원회를 만족시킬 묘책을 찾았으나
선뜻 말로 표현하기가 어려웠다. 30초도 지나지 않아 나는
다시 곤경에 빠졌고 또 한 차례 위원회의 날카로운 경고가
날아들었다.

ㅇㅇㅇ 스트레스 실험실

내가 있는 곳은 실험실이고 지금 나는 스트레스를 실험
하는 중이다. 그 사실을 누구보다 잘 알고 있는데도 나는 엄청난
압박감을 느끼고 무력감에 사로잡혔다. 실험을 하면서 나는 정
말로 공격적으로 변했다. 위원회는 단 하나의 질문도 하지 않았
고 내가 물어도 대답하지 않았다. 그러다 보니 그들이 무엇을 원
하는지 도무지 알 길이 없었다. 그들은 이 말만 되풀이했다.

"아직 시간이 남았습니다. 계속 설명하세요."

실험 시간은 5분인데 그 시간이 너무 길게 느껴졌다. 4분
쯤 지나자 큰 소리로 고함을 치고 싶은 마음이 울컥 치밀었다.
그런 내 모습에 나는 스스로도 깜짝 놀랐다.

이 면접은 세계적으로 유명한 스트레스 실험인 트리어 소셜 스트레스 테스트Trier Social Stress Test의 1부다. 실험에 참가한 네 명 중 세 명은 문제와 공간의 분위기, 위원회의 태도 때문에 심한 압박감을 느껴 혈중 코르티솔 농도가 눈에 띄게 치솟는다. 이는 그들의 신체가 스트레스 반응의 2단계에 돌입했다는 뜻이다.

내 몸에서 일어나는 스트레스 반응만 놓고 보면 조깅을 하다가 개 짖는 소리를 듣고 깜짝 놀라 스트레스 반응을 보였다가 알고 보니 작은 치와와라서 금세 마음이 진정된 상태와 큰 차이가 없다. 그런데 인적이 드문 길을 걷다가 갑자기 황소만 한 도베르만을 만난다면 그때는 상황이 달라진다. 놈이 나를 쫓아오고 개와 내 간격이 불과 30미터로 좁혀질 경우 위험 분석 결과는 당연히 달라져야 한다.

내 두뇌는 정보 업데이트를 근거로 당장 두 번째 경보를 울려야 한다고 판단한다. 그러면 나는 천적의 레이더망에 들어간 수많은 포유류, 즉 개에게 쫓기는 토끼처럼, 늑대 무리에 갇힌 사슴처럼, 고양이에게 걸린 쥐처럼 행동한다.

이런 경우에 대비해 인간은 다른 모든 포유류와 마찬가지로 또 하나의 스트레스 축을 갖추고 있다. 두뇌가 스트레스를 통제하기 힘든 것으로 판단해 스트레스 반응을 확장하고 강화하려 할 때 이 축이 움직인다. 물론 이번에도 결정을 내리는 것은 편도체다. 편도체는 전달물질 글루탐산을 분비해 경보 상태를 유지한다. 청반의 신경세포들이 노르아드레날린을 분비하는 동안 편도체의 글루탐산은 더 높은 뇌 부위를 향해 솟구쳐 올라간다.

그러면 두뇌의 흥분이 고조되고 변연계의 할아버지 부위부터 대뇌피질의 청년 부위까지 각양각색의 뇌 부위가 활동에 들어간다.

시상하부는 흥분 소식을 듣자마자 곧바로 호르몬을 내보낸다. 간뇌에 자리한 시상하부는 그곳에서 다양한 물질을 활용해 우리 몸의 내부 환경, 즉 항상성을 조절한다. 구체적으로 말하면 갑상선 작용, 체온, 수면리듬, 식욕 등을 조절한다.

이 시상하부가 부신피질자극 호르몬 방출 인자를 내보내면 이 호르몬은 뇌하수체를 활성화하고, 뇌하수체는 다시 부신피질자극 호르몬을 만들어 다음 경보기지인 부신을 깨운다. 한데 이번에는 그 호르몬이 부신수질로 가지 않고 부신피질로 향한다. 이때 그곳에 있던 스트레스 호르몬 코르티솔이 분비되면서 15~20분쯤 간격을 두고 우리의 혈관을 타고 흐른다.

우리 몸이 위험을 막는 데 이용하는 이 두 번째 시스템을 '시상하부-뇌하수체-부신피질 축'이라고 부른다. 이들의 임무는 일차적으로 위급 상황에 대비해 저장한 에너지를 가동하는

데 있다. 그래서 반응의 끝 무렵에 분비되는 코르티솔은 에너지의 원활한 배급과 분배를 돕는다. 다시 말해 코르티솔은 혈압을 높여 당을 혈액으로 내보내고 당 분배를 촉진한다.

그러면 내가 받은 트리어 소셜 스트레스 테스트는 도베르만과 무슨 상관이 있을까? 스트레스 개척자 한스 셀리에는 모든 인간의 스트레스 반응은 어느 정도 동일하게 진행된다고 주장했다. 상황은 각양각색이어도 나타나는 증상은 비슷하다는 얘기다. 이를테면 실험실에서 내가 보인 반응은 인적 드문 길에서 도베르만을 만났을 때의 내 반응과 크게 다르지 않다.

트리어 소셜 스트레스 테스트는 스트레스 2단계에서 우리 몸에 어떤 일이 일어나는지 조사한다. 일반적으로 스트레스의 1단계를 불러오는 교감신경은 공포, 분노, 성욕 등 좋고 나쁜 것에 관계없이 모든 스트레스 요인을 담당한다. 반면 2단계에서 활성화되는 시상하부 축은 혹독한 시간에 대비해 신체를 무장시킨다.

⌒⌒⌒ 분노에서 무감각으로

그날 오후 위원회가 기다리고 있는 그 황량한 방으로 들어가기 전 나는 면봉을 씹었다. 그 장소는 실험실보다 한 층 위에 자리한 마르쿠스 파울의 사무실이었다. 파울은 인지심리학자 올리버 볼프 밑에서 공부하는 박사 과정 학생인데, 볼프는 몇 년 전부터 스트레스가 인간의 학습 과정과 기억 과정에 어떤 영향을 미치는지 연구 중이었다. 특히 그는 스트레스 호르몬 코르티솔의 작용을 중점적으로 연구했다.

1분이 지나자 내 입 속에 들어 있던 면봉은 침을 흠뻑 빨아들였다. 나는 그것을 시험관에 넣어 파울에게 건넸다. 그날 나는 모두 네 번이나 면봉에 침을 묻혀 그에게 제출했고, 그때마다 파울은 내 심박수와 혈압을 측정했다. 그 모든 수치는 테스트 단계마다 내 스트레스가 어느 정도인지, 내 반응이 정상적인지 체크하는 토대다.

드디어 면접 실험 시간 5분이 지나갔다. 과연 냉혈 위원회가 내 자격을 납득했을까? 이젠 좀 긴장을 풀어도 될까? 아니, 아직은 아니다.

두 사람은 지체하지 않고 다음 문제를 냈다. 이번에는 암산으로 2043에서 시작해 최대한 빠르고 정확하게 17씩 빼는 문제가 주어졌다. 당연히 계산기도 연필도 종이도 없다.

"틀리면 다시 2043에서 시작합니다. 질문 있으세요? 없으면 바로 시작하세요."

2,026. 2,009. 1,992. 1,975. 1,958……. 나는 뺄셈의 답

을 열거했으나 마음이 다시 불안해졌다. 한 번 계산이 끝날 때마다 대답을 했지만 다시 시작하려면 그 숫자가 무엇이었는지 헷갈렸다. 내 몸에서 무슨 일이 일어난 것일까? 당연히 호르몬의 격동이 시작된다.

일단 편도체가 뇌하수체에게 정보를 전하면 뇌하수체는 부신피질과 소통한다. 동시에 시상하부도 전달물질의 도움을 받아 부신피질에게 말을 건넨다. 결국 내 몸엔 코르티솔이 가득하고 그 고농도 호르몬이 내 입을 적시면서 침이 묻은 면봉에 전해진다.

실제로 연구 결과는 트리어 소셜 스트레스 테스트의 성과를 입증한다. 남성의 경우 코르티솔 수치가 평소 하루 최고치의 100퍼센트에 이르고[44] 여성은 그보다 조금 낮다. 테스트가 끝난 뒤 호르몬 수치가 다시 처음으로 돌아가기까지는 1시간에서 1시간 30분이 걸린다.

급성 스트레스에도 불구하고 내 성적은 꽤 괜찮았고 계산은 어느덧 1,465에 이르렀다. 그런데 내가 그다음 숫자를 말하는 순간 이런 대답이 들려왔다.

"틀렸습니다. 처음부터 다시."

순간 울컥 화가 치밀었다. 그 생고생을 처음부터 다시 하라니! 피로가 엄습하면서 그만두고 싶은 마음이 간절했지만 그럴 수 없었다. 나는 용기를 짜내 다시 2,043에서 뺄셈을 시작했다. 여자의 차가운 시선을 똑바로 바라보면서 그 눈빛에 아랑곳하지 않고 문제를 잘 풀고 싶었으나 뜻대로 되지 않았다. 눈을 마주 보고 있으니 마음의 부담이 더해지면서 계산이 더 꼬였다. 스트레스 때문일까? 내 계산 센터가 손을 놓아버렸다. 나는 시선을 천장으로 돌리고 천천히 17씩 뺄셈을 했다.

"틀렸습니다. 다시 2043."

내 두뇌의 스트레스 부위가 나를 한계치까지 밀어붙였다는 느낌이 들었다. 이제 내 머리는 더 이상 1,465까지 계산해낸 처음의 그 집중력을 발휘하지 못했다. 눈에 띄게 느려진 계산 과정에도 불구하고 그 순간까지 내 스트레스 반응이 한계를 넘어 계속 치솟지 않은 것은 우리 몸의 제어 시스템 덕분이다.

음성 피드백 원칙에 따라 우리 몸은 혈중 코르티솔 수치가 높다는 사실을 다시 부신피질과 뇌하수체에 알린다. 많은 양의 코르티솔이 혈관을 타고 흐를 경우 이것이 다른 관여 호르몬들의 분비를 막는다. 적어도 정상적인 신체에서는 이렇게 스트레스 반응이 자기 제어 능력을 발휘한다.

그 순간 놀랍게도 나는 또 다른 느낌에 휩싸였다. 그것은 바로 무감각이다. 나는 무심해졌고 실수에 따른 두려움도 사라졌다. 심지어 '틀리면 어때' 하는 생각까지 했다.

이 기분은 대체 무슨 의미일까? 포기할 각오가 되었다는 뜻인가? 위험한 상황에서 생존을 위해 죽은 척하는 지점에 도달한 것일까? 최고의 위험이 닥쳤을 때 커다란 스트레스에 빠진 많은 동물이 동작을 멈춰 적을 속이려 한다. 인간도 정말로 대책이 없을 때는 못 박힌 듯 제자리에 멈춰 선다. 내가 그 지점에 도달한 것일까? 그야말로 죽은 척하는 지점에? 바로 그때 의사 가운을 입은 남자가 말했다.

"이제 그만해도 좋습니다. 수고했어요. 밖에 나가면 팀장님이 기다리고 있을 겁니다."

ᥬᥬᥬ 코르티솔 수치는 거짓말을 하지 않는다

밖에서 만난 파울도 위원회와 마찬가지로 일체의 공감을 드러내지 않았다. 위로도 미소도 없고 내 질문에 대답도 하지 않았다. 그저 모든 것은 실험이 끝난 뒤에 설명해주겠다고 했을 뿐이다.

설명을 듣기까지 아직 할 일이 몇 가지 더 남아 있었다. 면봉을 씹어 혈압과 맥박을 체크한 나는 또 다른 테스트를 받았다. 이번에는 심리 실험이 아니라 냉기를 참는 물리적 실험으로 얼음물에 3분 동안 팔을 집어넣어야 했다. 물의 온도는 영하 1도였다.

피부, 근육, 장기에는 수많은 통증 수용기가 있다. 통증 수용기란 자극을 수용해 해당 정보를 머릿속 센터로 전달하는 자유 신경 말단을 말한다. 여기서 자극은 구타 같은 기계적인 자극이거나 산 등의 화학적 자극일 수 있다. 가령 손이 불판이나 얼음물에 닿으면 뇌는 즉각 피부의 현재 온도 정보를 입수해 그것을 통증으로 해석한다. 다시 말해 "실제나 잠재적 조직 손상을 동반하는 불쾌한 감각 체험 혹은 감정 체험"[45]으로 해석한다.

내가 얼음물에 팔을 담근 지 불과 몇 초 만에 내 뇌는 통증의 한계치를 넘었다는 판단을 내렸다. 이럴 때 보통은 물에서 손을 빼내지만 나는 그렇게 할 수 없었다. 나는 두뇌의 신호를 '불쾌하다'고 느꼈지만 전두엽은 편도체와 뇌하수체의 말을 듣지 않고 두뇌의 나머지 부위에 움직이지 말라고 강요했다.

결국 나는 급격한 온도 자극에 따른 반작용으로 움찔거리는 손을 억누르고 무사히 3분을 참아냈다. 솔직히 고백하자면 나는 사우나 마니아답게 찬물에 아주 익숙하다. 산속 차가운 강물에도 아무렇지 않게 들어가고 겨울에 맨발로 눈밭을 달리기도 한다. 그러니 겉보기에 내 반응은 미지근하기 그지없었고 맥박도 55를 고수했다.

이 정도면 혈압도 문제없겠지? 나는 은근히 파울이 내 혈압도 정상범위를 넘어서지 않았다고 말해주기를 기대했으나 내 편도체와 뇌하수체는 그런 호의를 선사하지 않았다. 이들은 과거의 경험 지식에만 기대 약간 차가운 물은 해롭지 않다는 간뇌의 읍소를 싹 무시했다. 그래서 어떻게 되었느냐고? 해로울 게 없다는 확신이 있었기에 나는 느긋한 마음으로 카메라를 쳐다봤지만, 그러거나 말거나 내 머릿속 할아버지 부위들은 손가락 끝의 예민한 온도 수용기 신호를 통증 경보로 바꿔 스트레스를 일으켰다. 이 사실은 올라간 혈압이 입증하고 침 샘플 분석도 같은 결과를 말해주었다. 코르티솔 수치는 거짓말하지 않는다. 만일 내가 허허벌판에 홀로 있었다면 그 정도 얼음물도 위험한 상황이라 몸이 즉각 반응을 보인 것이다.

올리버 볼프 연구진은 이런 방법으로 스트레스가 정신 능력에 어떤 영향을 미치는지 조사했다. 즉, 그들은 찬물에 팔을 담근 실험 대상자의 침 샘플과 기억력을 다른 비교 그룹과 비교했다. 비교 그룹은 똑같은 문제를 풀지만 찬물에 팔을 담그지도, 카메라의 감시를 받지도 않는다.

실험 결과는 스트레스 테스트를 받는 동안 내가 보인 반응의 이유를 잘 설명했다. 위원회와 시선을 주고받으며 뺄셈을 하려던 내 노력이 실패로 돌아간 데는 스트레스가 뇌를 돕기 때문이라는 분명한 이유가 있다. 일정 정도까지 치솟은 스트레스는 생존에 직접 필요치 않은 모든 사고활동을 가로막는다.

○○○ 스트레스는 인생의 양념

그날 나는 또 하나의 이상한 현상을 경험했다. 이것을 설명하기 위해 굳이 최신 연구 결과까지 들먹일 필요는 없다. 스트레스의 선구자 한스 셀리에는 이미 몇 십 년 전에 이 현상을 연구해 "스트레스는 인생의 양념"이라는 말로 정리했다. 모든 고문을 마치고 이상하게도 기분이 좋아진 나는 들뜬 표정으로 파울에게 불쾌하던 순간의 격심한 스트레스 반응을 신나게 들려주었다. 창문이 없는 방에서 경험한 불쾌한 순간을 되돌아보는데도 마음이 울적해지기는커녕 환희가 밀려오다니!

나는 유쾌하게 폭포수처럼 말을 쏟아낸 다음 물었다.

"어떤 전달물질 때문이죠?"

그 주인공은 뇌하수체에서 분비된 엔도르핀이라는 이름의 마약이다. '내생적 모르핀'이라는 뜻의 엔도르핀은 체내에서 분비되는 진통제로 통증을 줄이고 행복감을 선사하는 특수한 능력을 발휘한다. 마라톤을 해본 사람이면 누구나 러너스 하이 Runner's High라는 희열을 경험해보았을 것이다. 이것은 신체 스트레스 결과로 엔도르핀이 넘쳐나면서 통증이 사라지고 격한 행복이

일정 정도까지 치솟은 스트레스는
생존에 직접 필요치 않은 모든 사고활동을
가로막는다.

밀려와 계속 더 달리고 싶은 느낌을 선사하는 상태다. 이 메커니즘은 진화 과정에서 그 유익함을 입증했다. 통증이 사라지면 더 의욕적으로 사냥에 나설 수 있으니 말이다.

갑자기 문이 열리고 두 사람이 들어왔는데 하마터면 알아보지 못할 뻔했다. 의사 가운을 벗고 얼굴에 미소를 띠니 위원회의 두 사람이 갑자기 호인으로 변하는 것이 아닌가. 테스트에 들어가면 그들은 예의범절을 벗어던져야 한다. 인사를 주고받는 것은 무조건 무시하고 질문에 대답하지 않으면서 최대한 실험 대상자를 괴롭혀야 한다. 그들의 그런 열정적인 연기는 놀라운 결과로 보답을 받는다.

"대개는 자신의 장점을 열거하는 면접 시간에 20초를 넘기지 못합니다. 뺄셈도 5분 동안 간신히 한 번 성공하는 경우도 허다하지요."

드물게 그들이 조금 부드러워질 때도 있다. 어떤 남성은 압박감을 견디지 못하고 방을 뛰쳐나갔는데, 그들의 목적은 실험 대상자를 내쫓는 것이 아니었다. 어떤 여성은 울음을 터트리기 일보 직전이라 압박 수위를 조금 낮춰주었다.

스트레스 요인이 모두 사라지자 내 심장박동은 평소 수준으로 돌아가고 혈압이 떨어졌으며 호흡도 편안해졌다. 혈액은 다시 일상생활에 필요한 곳으로 돌아가 소화기관과 간의 에너지 저장에 쓰이면서 혈당이 떨어졌다. 면역계도 평소에 하던 일로 되돌아갔다.

스트레스가 지나가고 긴장이 풀리면 우리는 심한 피로를 느껴 자리에 눕고 싶어진다. 사람에 따라서는 애정을 갈구하기도 하고 창의력이 폭발해 아이디어가 샘솟기도 한다. 스트레스가 늘 이 정도에서 멈추면 얼마나 좋을까. 이 정도면 스트레스와 함께 살아도 행복할 것 같다.

5

평생 이어지는 저항 반응

한스 셀리에가 제작한 영상들은 그리 아름답지 않다. 수축
된 림프절과 흉선, 자극을 받은 부신피질, 위 점막의 궤양을
담고 있기 때문이다. 이처럼 병든 신체 부위를 만들어낸 방
식도 아름답지 않기는 마찬가지다. 그는 한겨울 추위에 실
험실 쥐들을 연구소 옥상에 놓아두었다. 쥐들을 쫄쫄 굶겼
고 뜨거운 열을 가했으며 뼈를 부러뜨리고 등을 가르거나
피부에 화상을 입게 했다. 여기에 아드레날린, 아트로핀, 모
르핀, 포름알데히드를 주사했다. 그뿐 아니라 쥐가 지칠 때
까지 통에 넣고 빙빙 돌렸고 발을 판자에 묶어 꼼짝 못하게
만들었다.

끔찍한 이들 실험은 이 야심만만한 오스트리아 출신의 캐나다 학자에게 성공을 안겨주었다. 모든 스트레스 요인이 셀리에가 원하는 결과를 나타냈기 때문이다. 심신에 고문을 당한 쥐들은 병이 들었고 그것으로 그는 스트레스가 건강에 해로울 수 있다는 증거를 얻었다.[46] 그렇지만 셀리에 자신은 스트레스 반응이 지극히 정상적인 과정이라는 점을 항상 힘주어 강조했다. 그는 말했다.

"스트레스는 모든 요구에 대한 유기체의 대답이다."

이 말은 온갖 사건, 물질, 환경이 스트레스 요인일 수 있다는 뜻이다. 원칙적으로 우리는 그것에 대응할 능력을 갖추고 있다.

"스트레스의 부재는 죽음이다. 죽은 사람만이 스트레스를 느끼지 않는다."

◌◌◌ 도망, 싸움 또는 죽은 척하기

셀리에는 그 유명한 3단계 모델에서 스트레스가 질병을 유발할 가능성을 고려했다. 그의 일반 적응 증후군 모델은 스트레스 반응을 3단계로 구분한다.

1단계는 경보기로 시스템이 갑자기 활발하게 작동해 심

죽은 사람만이 스트레스를 느끼지 않는다.

장이 빨리 뛰고 몸이 포도당과 지방산을 분출한다. 2단계는 저항기로 몸이 균형 회복에 힘쓰거나 새로운 상황에 적응하려 노력한다. 몸이 아드레날린, 노르아드레날린, 코르티솔을 활용해 능력을 끌어올리는 것이다. 이 단계까지는 아직 시스템이 초록 불이다. 문제는 3단계인 소진기에 발생하기 시작한다. 몸이 장시간 스트레스에 노출되면 셀리에가 말한 '적응 에너지'를 너무 많이 소비해 에너지 창고가 텅 비고 유기체는 병이 든다.

하버드 대학교 생리학자 월터 캐넌은 셀리에보다 앞서 같은 문제를 고민했다. 그는 열기와 추위를 비롯한 여러 환경 영향이 유기체의 균형, 즉 항상성을 어떻게 깨뜨리는지 연구했다.[47] 그 결과 그는 스트레스가 호르몬 분비를 촉진해 몸이 카테콜아민을 분비하고, 그것이 혈관을 타고 몸으로 퍼져 나가 위험에 따른 반응을 불러온다는 사실을 최초로 발견했다. 위험한 상황에 처한 개인이 선택할 수 있는 '도망과 싸움'의 선택지 역시 캐넌의 입에서 나온 공식이다. 다른 모델들은 제3의 가능성, 즉 죽은 척하는 방법도 제안한다. 이것은 도저히 위험을 감당할 수 없다는 결론에 이른 개인이 동작을 멈춰 적을 속이는 일이다.

그러나 현대 사회에서는 이 세 가지 방법이 모두 통하지 않는다. 스트레스가 심하다고 일을 팽개치고 도망칠 수도 없고, 교통체증에 화가 치밀어 오른다고 몽둥이를 들고 차 문을 열 수

2장 과학으로 스트레스 설명하기

도 없다. 마트가 붐벼 정신이 없다고 그냥 그 자리에 드러누워 죽은 척할 수는 더더욱 없다.

◠◠◠ 사소한 문제에 발끈하는 이유

우린 이런 상황에 어느 정도 적응했으나 몸의 전략은 과거와 전혀 달라지지 않아 '스트레스 극복 갈등'[48]을 겪는다. 1974년 심리학자 리처드 라자루스Richard Lazarus는 캐넌과 셀리에의 모델을 보완해 상호 행동적 스트레스 모델을 발표했다.[49] 그 모델의 요점은 스트레스를 받느냐 아니냐를 결정하는 것은 우리 자신이라는 주장이다. 스트레스 요인이 반응을 불러일으키는 것이 아니라 인간 자신이 상황을 주관적으로 평가하고 그에 반응한다는 얘기다.

내가 마주친 이 상황이 정말로 위험할까? 긍정적 도전으로 볼 수는 없을까? 혹시 나와 아무 상관도 없는 일일까?

이러한 일차적 평가로 우리는 스트레스를 느낄지 아닐지 결정한다. 스트레스가 지속될지 아닐지는 이차적 평가의 결정사항이다. 이때 자신에게 문제해결에 필요한 자원이 있는지 따진다. 자원이 없다는 판단이 서면, 그래서 자신의 가능성을 믿지 못하면 스트레스가 밀려오고 우리는 대처 방안을 모색한다. 대처 전략은 크게 두 가지로 나뉜다. 하나는 목표를 자신의 정서 상태 상승에 두는 것이고, 다른 하나는 스트레스의 원인과 싸워 상황을 바꾸려는 문제 지향적 대처다.

마지막으로 우리는 자신의 노력이 성공했는지 평가한다. 적절한 반응으로 위험이 사라졌나? 변화를 일으키지도 사건을 장악하지도 못해 결과가 만족스럽지 않으면 스트레스는 이어진다. 심리학자들은 이를 두고 '적응장애'라고 부른다.

석기시대 인류는 많아야 하루에 한두 번 스트레스 요인과 마주쳤을 것이다. 하지만 그 한두 번의 스트레스는 대개 생사의 갈림길이었다. 반면 현대인은 횟수는 잦지만 상황은 훨씬 덜 심각하다. 목숨이 왔다 갔다 하는 치명적인 위험은 TV에나 나올 뿐 평생 한 번도 겪지 않는 사람도 허다하다.

그래서 스트레스 호르몬 농도도 두 시대의 인간이 전혀 다르다. 조상들은 한두 번 높이 치솟았다가 다시 얌전하게 돌아왔으나 우리의 호르몬 농도는 하루 종일 계단 모양으로 조금씩 올라간다. 거의 장기적인 스트레스 곡선에 가깝다. 그러다 보니 도망이냐 싸움이냐를 고민할 필요가 전혀 없는 사소한 문제에도 쉽게 반응한다. 임박한 프로젝트 마감이나 교통체증, 시끄러운 이웃에게도 계속 화를 내며 하루 종일 휴식을 취하지 못하는 것이다.

그 결과 한스 셀리에가 말한 저항 반응이 평생 이어진다. 그러다가 마침내 소진 단계로 넘어가고 뇌는 주변 정보를 무조건 스트레스로 해석해 과민반응을 보인다. 한마디로 호르몬 함량이 뒤죽박죽되면서 병이 든다.

6

스트레스는 우리 몸을
어떻게 바꾸어놓나

한스 셀리에가 쥐에게 가한 고문은 짧은 시간 내에 원하던 결과를 안겨주었다. 인간의 몸도 같은 상황에 처하면 셀리에의 쥐들과 다를 바 없는 증상을 보인다. 실제로 지난 몇십 년 동안 의사들이 작성한 심신 통증 목록은 매우 길다. 이를테면 바쁜 현대인은 불면에 시달리고 이를 갈며 이명과 편두통을 앓는다. 위에는 산이 넘쳐나고 심장은 리듬을 잃으며 알레르기와 천식이 창궐한다. 그뿐 아니라 스트레스는 발기부전과 비만의 원인이며 망막 질환인 중심장액성 망막증 위험도 높다.

  이 모든 고통에는 코르티솔의 그림자가 짙게 드리워져

있다. 부신피질에서 나오는 이 전달물질은 장기 스트레스 환자에게 커다란 위험 요인인데, 농도가 높으면 심지어 면역계까지 망가뜨릴 수 있다.[50]

코르티솔은 처음 맡은 임무, 즉 단기적인 면역 방어 활성화를 무사히 마치면 염증을 억제해 면역계 안정을 도모한다. 의사들이 부신피질 호르몬 제제를 처방하는 이유가 여기에 있다. 체내에서 분비되는 코르티솔을 모방한 이 약품은 천식이나 류머티즘 같은 염증 질환을 억제한다. 대신 우리는 감기에 잘 걸린다. 우리가 장기 스트레스를 겪을 때 체내의 코르티솔도 이러한 약과 동일한 작용을 한다. 이때 면역계가 꾸벅꾸벅 조는 탓에 장기 스트레스 환자는 감기와 다른 감염 질환에 취약해진다. 감기에 걸리면 코르티솔이 열 반응을 억제해 회복을 가로막기 때문에 감기를 떨쳐내는 데도 몇 주씩 걸린다.

이 사실은 장기 스트레스에 시달리는 환자가 주말이나 휴가 첫날 완전히 맥을 추지 못하는 이유를 설명해준다. 드디어 쉬게 되었다며 긴장을 늦추면 만성적으로 치솟은 코르티솔 수치가 떨어지면서 면역계가 당장 팔을 걷어붙이고 활동을 시작한다. 오래전부터 몸속을 떠돌아다니던 병원균을 향해 면역계가 온힘을 다해 달려드는 것이다.

∘∘∘ 스트레스와 만성질환의 상관관계

때론 더 심각한 문제가 생기기도 한다. 우리 몸이 실제나 상상의 스트레스 요인에 쉬지 않고 반응할 경우 만성질환이 발생하는 것이다. 원인은 스트레스 반응이 혈액으로 밀어 넣는 엄청난 양의 영양분에 있다. 몸이 이 영양을 주체하지 못하면 당뇨처럼 쉽게 낫지 않는 질환이 발생한다. 코르티솔도 인슐린 작용을 떨어뜨려 당뇨를 촉진한다. 인슐린은 당을 근육과 지방조직으로 보내는 일을 하며, 인슐린이 없으면 포도당이 혈액에 그대로 남는다. 인슐린 작용을 감지하는 췌장은 이를 인슐린 부족으로 해석해 인슐린 생산에 박차를 가한다. 그 결과 모든 에너지를 인슐린 생산에 쏟아 부어 인슐린 생산을 담당하는 섬세포의 생산력이 소진된다. 결국 정말로 인슐린이 부족해지고 동시에 혈당이 치솟는다. 당뇨 위험이 급속도로 높아지는 것이다.[51]

신체의 거의 모든 섬유는 만성 스트레스에 취약하다. 스트레스가 계속 장을 자극할 경우 소화장애가 일어나고 환자는 셀리에의 쥐들처럼 위염과 장염을 앓는다. 또 혈압과 맥박이 떨어지지 않아 고혈압의 위험이 높아진다. 여기에다 비상시에 산소를 공급해야 하는 적혈구가 혈관에 우글거린다. 적혈구들은 지방질과 함께 피를 걸쭉하게 만드는데 이 때문에 혈관이 굳고 치명적인 심근경색, 폐경색, 뇌경색이 발생한다.

스트레스 반응의 출발점에서는 문제가 서서히 진행된다. 뇌는 처음에 신이 나서 흥청대다가 계속 이어지는 자극에 알뜰 주부로 변신한다. 이때 스트레스 해소에 도움을 주지 않는 정보는 모두 부차적인 것으로 취급한다. 그 결과 기억 센터인 시상하부가 쇠약해지고 인지 능력도 떨어진다. 한마디로 장기 스트레스는 사람을 멍청하게 만든다.

스탠퍼드 대학교 로버트 새폴스키는 과도한 양의 스트레스 호르몬이 신경세포를 괴롭힌다는 사실을 처음 발견했다. 1977년 아프리카에서 올리브 개코원숭이들의 혈액을 채취한 그는 갈등과 왕따로 장기 스트레스에 시달린 원숭이들의 시상하부가 쪼그라든 사실을 밝혀냈다.[52] 장기 스트레스에 시달리는 환자들이 건망증을 앓는 이유가 여기에 있다. 지금 내가 무슨 말을 하다 말았지?

스트레스와 정신질환의 상관관계는 2014년 버클리 캘리포니아 대학교 연구진이 밝혀냈다.[53] 외상 후 스트레스 장애, 조현병, 우울증을 앓는 사람들의 뇌는 백질 비율은 늘어도 회질 비율은 줄어든다. 회질은 진짜 신경세포지만 백질은 포장, 즉 껍데기에 둘러싸인 섬유다. 극심한 심리적 압박에 시달린 쥐들을 연구한 선다리 체티Sundari Chetty도 동일한 결과를 관찰했다. 그녀는 "장기적으로 과도한 양의 껍데기 세포가 형성되면 두 가지 방식으로 정신 능력에 해를 끼친다"라고 말한다. 우선 신경세포와 껍데기 세포의 균형이 깨지고, 그다음으로 신경세포의 두꺼운 포장이 신경세포의 연결을 방해한다. 이 경우 기억력뿐 아니라 학습 능력이 떨어지며 정신질환에도 취약해진다.

﹏﹏﹏ 좋은 스트레스와 나쁜 스트레스

일찍이 지그문트 프로이트도 우리가 극복하지 못한 슬픔은 병적인 우울로 굳어진다는 사실을 간파했다. 장기 스트레스는 호기심과 기억만 흐리는 것이 아니라 세상을 암울하게 만든다. 뉴욕 록펠러 대학교 신경내분비학자 브루스 맥쿠엔Bruce McEwen은 "세상엔 좋은 스트레스와 유익한 스트레스도 있지만 유독성 스트레스도 있다"라고 말했다.[54]

불행 중 다행은 이런 온갖 질환이 극히 예외적인 일이라는 점이다. 장기 스트레스에 시달린다고 모두 다 심각한 질환에 걸리는 것은 아니라는 얘기다. 장기 스트레스에 시달리는 보통 사람이 자각하는 일반적인 증상은 이 정도까지 심각하지 않다. 대개는 목이 뻣뻣하고 머리가 지끈거려 일하기가 좀 고달픈 정도다. 물론 운이 나쁘면 등에 번개라도 맞은 듯 심한 요통을 앓고, 더 운이 나쁘면 스물세 개의 척추사이원반이 계속되는 압박에

장기 스트레스는
호기심과 기억만 흐리는 것이 아니라
세상을 암울하게 만든다.

휘어져 추간판탈출증, 즉 디스크에 걸리기도 한다.

특히 피부가 일찍부터 증상을 나타낸다. 피부는 인체의 여러 기관 중에서도 가장 예민한 곳으로 코르티솔이 억누르던 면역 활동이 갑자기 활발해질 경우 순식간에 반응을 보인다. 피부가 이처럼 민감한 이유는 신경섬유와 면역세포의 밀도가 높기 때문이다. 그래서 팔다리에 아토피가 생기고 입가가 부르트는 것이다.

기센 대학교 심리신경면역학 실험을 이끄는 피부학자 에바 페터스는 2008년 연구진과 함께 스트레스가 유발하는 습진 메커니즘을 추적했다. 그 결과 쥐에게 공포를 유발할 정도의 소음을 가하면 비만세포가 히스타민을 쏟아내고, 이것이 아토피와 습진을 유발한다는 사실이 밝혀졌다.

물론 질병에는 여러 가지 원인이 있으며 모든 질병의 원인을 스트레스라고 꼬집어 말하기는 힘들다. 195개국 전문가들이 공조해 진행한 '국제질병부담연구GBD' 프로젝트의 2010년 보고서를 보면 전 세계에서 최고의 건강 위험 요인은 고혈압이었다.[55] 부자 나라에서는 심장질환과 뇌졸중도 눈에 띄게 증가했다. 전문가들은 이러한 질환의 원인으로 장기 스트레스를 의심한다. 스트레스를 받을 경우 건강에 해로운 생활습관을 반복할 확률이 높은 것도 이 연구 결과를 뒷받침하는 근거다. 압박감에 시달리

스트레스는 어떻게 삶을 이끌게 하는가

는 사람은 흔히 술을 마시거나 담배를 피우거나 안정제를 복용해 긴장을 해소한다. 여기에다 시간에 쫓기면 건강한 식생활을 하거나 운동으로 긴장을 풀 수 없다.

이처럼 스트레스는 각종 질환의 책임자로 지탄받지만 스트레스의 무한 책임을 주장하는 것은 큰 잘못이다. 한스 셀리에는 쥐 실험으로 스트레스의 위험을 알렸으나 무분별한 스트레스 비판은 경계했다. 즉, 그는 스트레스를 유스트레스eustress 와 디스트레스distress 로 구분해 스트레스라고 해서 다 같은 스트레스가 아님을 확실히 밝혔다.

유스트레스는 우리가 긍정적으로 경험하는 스트레스다. 대표적으로 첫 키스 직전의 흥분, 축구 경기를 앞둔 기대감이 있다. 이러한 유스트레스는 감정을 높여주고 활력을 불러온다. 그 적수인 디스트레스는 불쾌하고 위험하며 부담스러울 때 느끼는 스트레스다. 가족의 죽음, 이별, 원고 마감, 이웃집의 시끄러운 음악 등이 주는 스트레스가 대표적이다.

그렇지만 항상 칼로 자르듯 이 두 가지로 명확히 구분할 수 있는 것은 아니다. 스트레스의 종류나 그것을 경험하는 사람이 아주 다양하기 때문이다. 더구나 우리의 기분은 늘 오락가락해서 부정적으로 경험한 스트레스도 나중에 돌이켜보며 긍정적 경험으로 각색하기도 한다. 심지어 죽음의 공포조차 되돌아보면 긍정적 쾌감으로 느껴질 수 있다. 반대로 신나게 즐기던 파티도 맥주의 김이 빠지고 이야깃거리가 떨어지면서 지루해지면 부정적 경험으로 바뀐다.

　기간의 길고 짧음도 경험에 영향을 미친다. 보통 짧은 스트레스는 극단적인 트라우마를 제외하면 심신에 크게 부정적 영향을 미치지 않는다. 반면 같은 스트레스라도 오래 지속되면 위험 요인으로 작용한다. 애당초 우리의 스트레스 반응은 단기간의 사용을 염두에 두고 만들어진 메커니즘이다.

　아무튼 우리에게는 그러한 위험을 막을 묘책이 있다. 정신병리학자 피르다우스 다바르의 조언대로 스트레스를 짧은 단위로 나눠 사이사이 휴식을 취하면 이롭다. 또 건강심리학자 켈리 맥고니걸의 충고대로 세상을 향한 관점과 자세를 바꾸는 것도 좋다. 스트레스를 겪은 후 조상들이 그랬듯 휴식이나 운동으로 풀어내는 것도 바람직하다.

　그리고 아주 간단하면서도 이 모든 것을 뛰어넘는 최고의 대처법이자 기적의 묘약은 푹 자는 것이다.

애당초 우리의 스트레스 반응은
단기간의 사용을 염두에 두고 만들어진
메커니즘이다.

7

스트레스와 감정

영국 버밍햄 대학교 대학생 108명은 몇 시간 동안 TV를 시청해달라는 심리학자 조디 오스번Jody Osborn과 스튜어트 더비셔Stuart Derbyshire의 부탁을 받고 신이 났다. 그러나 화면이 켜지자 기쁨은 사라지고 고통이 시작되었다. 자리가 불편해서가 아니라 바로 화면 속 영상 때문이었다.

두 심리학자가 학생들에게 보여준 영상은 사람들이 다양한 형태의 부상을 당해 고통 받는 모습이었다. 예를 들면 부러진 손가락, 구타 장면, 얼굴을 가격하는 장면, 다리가 부러진 육상 선수, 도약판에 이마를 부딪친 다이빙 선수 등이었다.

그들 중 서른한 명의 대학생은 영상 속 등장인물과 같은 부위에 통증을 느꼈다고 대답했다. 그들이 느낀 통증은 단순한 상상의 결과물이 아니었다. 자기공명장치로 그들의 뇌를 스캔하자 통증을 처리하는 대뇌피질 부위인 체지각 대뇌피질이 활성화된 것으로 나타났다. 그러니까 세 명 중 한 명꼴로 영상 속 인물과 같은 통증을 느낀 것이다.

2009년에 나온 이 연구 결과는 적지 않은 사람이 영화를 보다가 폭력 장면에서 고개를 돌리는 이유를 설명한다. 폭력 장면을 보며 심리적 스트레스는 물론 몸으로도 통증을 느끼기 때문이다.[56]

2013년 추가 실험을 진행한 오스번과 더비셔는 통증의 공감 여부는 상당 부분 과거의 경험과 관련이 있음을 밝혀냈다. 가령 치아가 온도 변화에 예민한 학생은 누군가가 아이스크림을 먹는 장면만 봐도 스트레스 반응을 보였고 이에 통증을 느꼈다.[57]

◠◠◠ 경험은 감정에 영향을 미친다

심리학은 이미 오래전부터 어린 시절의 각인이 얼마나 지대한 영향을 미치는지 연구해왔다. 덕분에 우리는 사람마다 타고나는 유전자도 다르지만 교육, 교우관계, 인생 경험이 성격 형성에 영향을 미치고 행동을 결정한다는 사실을 알고 있다.

그럼에도 불구하고 한스 셀리에는 신체의 '예외 없는 적응력'을 자기주장의 출발점으로 삼았다. 다시 말해 그는 모든 종류의 스트레스 요인은 동일한 생리적 반응을 불러온다는 확신을 바탕으로 일반 적응 증후군을 주장했다.

반면 미국 생리학자 존 메이슨John Mason은 셀리에의 주장을 격하게 비판했다. 감정과 체내 호르몬의 상호관계를 집중 연구한 메이슨은 외부 자극이 스트레스를 유발하려면, 그 자극이 정신 흥분도 유발해야 한다며 셀리에의 스트레스 개념을 수정했다.[58] 그러니까 우리가 위협을 느껴 스트레스 반응을 활성화하는 것은 모두 감정 때문이라는 얘기다. 만약 그렇다면 우리의 반응은 일반적이지 않고 고도로 특수하다고 봐야 한다. 새로운 것, 처음 본 것, 불안과 긴장을 조장하는 것 등 우리와 강력한 개인적 연관성이 있는 것이 스트레스를 유발하니 말이다.

앞서 살펴본 리처드 라자루스의 상호 행동적 스트레스 모델도 자극의 객관적 성격뿐 아니라 각자가 내리는 주관적 평가도 그에 못지않게 중요하다는 사실을 강조한다. 그래서 쿠엔틴 타란티노Quentin Tarantino 감독의 〈킬 빌〉이나 올리버 스톤Oliver Stone 감독의 〈내추럴 본 킬러스〉를 보면서 자꾸만 눈을 감는 사람이 있는가 하면, 팝콘을 먹으며 낄낄대는 사람도 있는 것이다.

그런데 라자루스는 특별히 인지가 감정을 약화할 수 있다는 점을 지적했다. 이를테면 원시 부족의 할례 의식을 영상으로 보여주며 객관적 해설을 곁들이자 실험 대상자들의 반응이 훨씬 부드러워졌다. 이는 라자루스가 '인지적 대처'라고 명명한 것의 영향력을 입증한 실험이다.

우리가 주변 환경과 관계를 새롭게 평가하는 것도 스트레스와 감정에 영향을 미친다.[59] 그 평가에는 일차적으로 각자가 겪은 경험이 녹아든다. 다시 말해 우리가 경험한 일, 개인적으로 아는 것, 심지어 편도체가 우리도 모르게 무의식적으로 저장한 것이 흥분과 스트레스 여부를 결정한다.

ᴑᴑᴑ 스트레스 각인

세상에 태어나 며칠만 지나도 인간은 다 똑같지 않다. 예를 들어 신생아가 낯선 얼굴에 격한 스트레스 반응을 보일 경우 그 아이는 자라서도 운명의 장난에 취약하다. 메릴랜드 대학교의 오랜 연구 결과 젖꼭지를 빼앗기고 한참 우는 아기는 훗날 스트레스에 더 예민하게 반응하는 경향이 높다.[60] 뉴 워싱턴 대학교 심리학자 케이티 맥러플린Katie McLaughlin은 이렇게 말한다.

"초기 환경은 체내 스트레스 대응 시스템 발전에 매우 강력한 영향을 미친다."

2015년 그녀는 니콜라에 차우셰스쿠 Nicolae Ceausescu 시절 루마니아의 고아들을 연구한 결과를 발표했다. 그에 따르면 고아원에서 오랫동안 스트레스를 경험한 아이는 훗날 자라서도 스트레스를 많이 느꼈다. 반면 두 돌 이전에 입양된 아이는 평범한 가정에서 자란 사람처럼 안정적인 스트레스 반응 시스템을 보였다.

스트레스의 각인은 출생하기 이전부터 시작된다. 어머니의 스트레스 호르몬 중 일부가 태아에게 도달하기 때문이다. 물론 태반이 대부분의 코르티솔을 튕겨내지만 남은 양만으로도 뱃속 아기는 충분히 영향을 받는다. 엄마의 만성 스트레스는 태아의 호르몬 수치를 끌어올리고, 그 영향으로 아기의 폐와 뇌가 빨리 성장한다. 이러한 조숙이 어느 정도 해를 끼치는지를 두고 아직 논란이 많다. 한편에서는 스트레스를 받은 아기의 인지 능력이 더 뛰어나다고 하고, 다른 한편에서는 그 반대를 주장한다.

그런데 독일 예나 대학병원의 신경학자 마티아스 슈바프 Matthias Schwab의 말대로 진짜 문제는 다른 곳에 있다. 엄마 뱃속에서 스트레스를 많이 받은 아기는 훗날 자라서 우울증을 앓을 위험이 높다. 더구나 신체가 높은 스트레스 호르몬 수치를 정상이라고 생각한다.

스트레스의 각인은
출생하기 이전부터 시작된다.

"이 아기들은 엄마 뱃속에서부터 평생 남보다 많은 스트레스 호르몬을 분비하도록 정해진다." [61]

그러니 성장한 후 당연히 남보다 빨리 스트레스 한계치에 도달하지 않겠는가.

변덕의 원인

뉴욕 주 스토니브룩 대학교 신경학자 릴리안 무지카-파로디Lilianne Mujika-Parodi는 스트레스인지 아닌지 결정하는 그 순간에 주목했다. 스트레스의 두 주역인 편도체와 전두엽은 끊임없이 서로에게 영상과 의견을 보낸다. 이에 따라 무지카-파로디는 이 두 부위의 역학이 한 사람의 스트레스 반응을 결정한다고 본다. 감성적인 편도체가 잠재적 위협을 발견했는데 이성적인 전두엽이 꼼꼼한 분석 끝에 위험이 아니라는 결론에 이를 경우, 전두엽은 편도체에게 진정하라는 지시를 내린다.

"편도체는 새로운 모든 것에 반응한다. 내가 당신에게 무표정한 얼굴을 보여주면 당신의 편도체는 깜짝 놀라 말한다. '어머, 이게 뭐야? 위험한 거야?' 그러면 전두엽이 편도체를 다독이며 말한다. '아무것도 아냐. 진정해.'" [62]

이들은 마치 금방 싸웠다가 냉철하게 협상한 뒤 또다시

서로 장난을 치는 노부부 같다. 감정적인 편도체와 객관적으로 고민하는 전두엽의 건전한 소통 문화는 매력적이지만 다른 한편으로 위험하기도 하다. 대화의 결말을 예측할 수 없기 때문이다. 이런 까닭에 문제는 복잡해지고 스릴이 넘친다.

물론 모두에게 해당하는 변치 않는 것도 있다. 몬트리올 맥길 대학교 신경학자 제프리 모길Jeffrey Mogil은 실험실 쥐들이 어떤 때는 통증에 예민했다가 또 어떤 때는 그렇지 않아서 당황했다. 이 변덕의 원인은 무엇일까? 연구 끝에 그의 동료 로버트 소지Robert Sorge와 로렌 마틴Loren Martin이 면역물질을 발견했다.[63] 스트레스를 유발해 쥐를 둔감하게 만드는 물질, 포유류 왕국을 통틀어 겁쟁이를 용맹한 무사로 바꿔놓는 이 후각적 스트레스 요인은 바로 남성의 땀이다. 기린, 쥐, 호모사피엔스, 소를 막론하고 이 특정 향기만 맡으면 모두가 용맹해진다. 더구나 이것은 지구 어디에나 존재하며 누구든 손쉽게 구할 수 있다. 이것은 스트레스를 유발하는 간접적인 방법으로 통증을 막아준다. 믿을 수 없겠지만, 과학으로 입증된 사실이다.

편도체와 전두엽은 금방 싸웠다가
냉철하게 협상한 뒤
또다시 서로 장난을 치는 노부부 같다.

8

스트레스와 기억

순간적으로 화가 나서 길길이 날뛰던 친구가 나중에 상황 파악을 하고 나면 대개 이렇게 말한다.

"그땐 제정신이 아니었어. 정신이 나갔어."

그럼 그의 정신은 어디에 있다가 왔을까? 안드레아스 엥겔Andreas Engel은 그 장소가 현출성 네트워크salience network (어떤 자극에 언제, 얼마나 강하게 반응할지를 결정하는 두뇌 부위 — 옮긴이)라고 정확히 말해준다. 엥겔은 독일의 저명한 두뇌학자이고 그의 전문 분야는 머릿속 네트워크이니, 분명 그 네트워크는 두개골 안에 있을 것이다. 두뇌의 각 영역이 자율적으로 행동한다고 생각하는 것은 이제 구식이다. 머릿속에서도 열렬히 환영받는 모토는 바로 팀 정신이다. 우리의 행동과 기분은 개별 신경이 아니라 전문가로 구성된 능력 있는 집단의 지휘를 받는다.

안드레아스 엥겔의 설명에 따르면 같은 네트워크에 속하는 부위들은 "거대한 물결을 타고 함께 오르내리며" 활동한다. 따라서 아무리 숫자가 많아도 같은 네트워크의 뇌 부위들은 사이좋게 서로 협력한다.

이것은 소리와 리듬으로 복잡한 사운드의 양탄자를 짜는 오케스트라나 마찬가지다.

설령 스트레스를 받아도 우리는 그 오케스트라의 연주를 감상할 수 있다. 이때는 현출성 네트워크의 소리가 주도권을 장악하는데 그 소리는 스트레스 요인과 마주치자마자 울린다.

⌒⌒⌒ 생존의 블랙아웃

갑자기 안드레아스 엥겔이 빨간 색연필을 들고 내 앞에서 도표를 그리기 시작했다. 붉은 선이 가파르게 위로 올라가다가 한 지점에서 옆으로 달리더니 몇 분 후 다시 아래로 꺾였다.

오늘날 현대적인 두뇌 촬영 기술로 뇌 속을 들여다보는

우리는 현출성 오케스트라의 어떤 뇌 부위가 지금 악기를 연주하는지 잘 안다. 먼저 청반이 신경을 바짝 곤두세운다. 덕분에 우리는 보다 예민한 감각으로 주변 환경을 스캔한다. 또 측위신경핵이 보상센터를 가동하고 시상하부, 해마, 편도체도 연결된다. 섬피질은 균형 감각을 키우고 측두엽의 일부인 하측두엽은 형태인식력을 높여 얼굴을 더 예리하게 파악하도록 돕는다.

이들 시스템이 모두 힘을 모아 스트레스 상황에서 중요한 것, 위험이 될 만한 것, 기쁨을 불러오는 것만 인식하도록 우리를 독려한다. 그래서 엥겔의 말대로 "이 순간에는 눈에 띄는 것만 찾는다." 문제는 그 부작용으로 나머지 뇌 작업이 방치 상태에 놓인다는 데 있다.

따라서 사람들은 보통 스트레스 직후에는 사고 경위서를 쓸 능력이 없다. 그 이유는 개별 부위들이 서로 협력하는 데서 그치지 않고 그들의 네트워크가 다른 네트워크, 즉 중앙 수행 네트워크의 작업을 방해하기 때문이다.

엥겔은 파란 색연필로 또 하나의 곡선을 그렸다. 그 곡선은 빨간 곡선이 방향을 바꾸는 지점에서 정반대의 방향을 취했다. 바로 그것이 우리의 친구가 화가 나면 제정신이 아닌 이유를 설명해준다. 중앙 수행 네트워크가 통제력을 상실해 현출성 네트워크가 그를 길길이 날뛰도록 만들어도 속수무책인 것이다.

이 시스템이 체내 호르몬과 어떤 관련이 있는지는 2014년 6월 네덜란드 연구팀이 밝혀냈다. 네이메헌의 라드바우드 대학교 에르노 헤르만스Erno Hermans 교수와 연구진은 스트레스 호르몬 노르아드레날린, 코르티솔의 분비량을 살피며 현출성 네트워크와 중앙 수행 네트워크의 활동을 관찰했다.[64] 둘은 놀랄 정도로 깊은 관련성이 있었다. 실험 대상자가 스트레스를 받자마자 노르아드레날린의 수치가 올라갔고 공포와 주의를 담당하는 현출성 네트워크도 바쁘게 움직였다. 그와 동시에 중앙 수행 네트워크는 한 발 뒤로 물러섰다.

상황은 30분이 지나서야 서서히 원점으로 돌아왔다. 그 사이 두 번째 스트레스 축, 즉 우리 몸이 위험을 막는 데 이용하는 '시상하부-뇌하수체-부신피질 축'이 활성화되었고 이때 분비된 코르티솔 덕분에 중앙 수행 네트워크가 다시 주도권을 장악했다. 그러자 노르아드레날린은 사라졌고 현출성 네트워크도 발을 빼고 물러났다.

엥겔은 "이 순간이 되면 다시 사고 경위서를 쓸 수 있다"라고 말한다. 이처럼 두 번째 스트레스 반응은 한 발 늦게 시작된다. 먼저 초고속으로 노르아드레날린이 분비되고 이어 코르티솔이 그 뒤를 따른다. 이처럼 중요한 두 네트워크는 두 가지 호르몬을 이용해 서로를 규제한다.

TV 퀴즈쇼에 출연한 사람들이 평소에 잘 풀던 문제도 제대로 풀지 못하는 이유는 중앙 수행 네트워크가 일시적으로 작동을 멈추기 때문이다. 그 순간에는 블랙아웃이 일어나 정답으로 들어가는 출입구를 막아버린다. 즉, 두뇌의 한쪽 부위가 다른 부위의 활동을 가로막는다. 특히 급성 스트레스를 받으면 우리는 훗날 비슷한 상황에서 중요할지도 모를 것만 우선적으로 저장한다. 다시 말해 우리의 기억에는 구멍이 숭숭 뚫린다.

내 친구 라인하르트가 과거를 기억하지 못하는 이유도 그 때문이다. 얼마 전 라인하르트가 오래전에 있었던 일을 들려주었다. 갑자기 세 명의 남자가 그의 동생에게 달려들어 두들겨 팼다고 한다. 그런데 라인하르트는 "그다음에 일어난 일은 기억에 없어"라고 말했다. 그가 아는 것은 자신이 괴력을 발휘해 동생을 구했다는 사실뿐이다. 자신이 그렇게 했다는 사실은 기억하지만 어떻게 했는지는 기억하지 못했다. 동생을 구하느라 대신 머리를 얻어맞아서가 아니다. 그가 왜 그 사건의 진행 과정을 기억하지 못하는지는 오직 스트레스만 설명할 수 있다.

함부르크 대학교 심리학자 라르스 슈바베Lars Schwabe는 기억의 구멍을 이런 말로 설명한다.

"급성 스트레스 상황에서는 뇌가 퇴화 모드로 바뀐다."

이 사실은 인지적 차원에서도 단점보다 장점이 더 많다.

우리가 스트레스 유발 요인에 더 집중해 보다 효율적으로 행동할 수 있기 때문이다.

⌒⌒⌒ 임신성 건망증,
뇌가 효율적으로 작동한다는 증거

스트레스는 배려심이 많은 우리의 파트너. 스트레스는 더 중요한 일을 위해 기억에 과감하게 구멍을 내도록 우리를 독려한다. 이 놀라운 호르몬의 작용은 출산 직전의 임신부와 수유기 여성에게도 나타난다. 이 시기에 여성들은 계속해서 약속을 잊고 열쇠와 휴대전화와 지갑을 찾아 헤매며, 평소에 절대로 하지 않던 실수를 연발한다. 이를 흔히 '임신성 치매'라고 하는데, 이 말은 해당 여성의 뇌가 퇴화한다는 뉘앙스를 풍기지만 그건 오해다. 갑작스럽게 떨어진 기억력은 결코 퇴화가 아니다. 오히려 반대로 여성의 뇌가 효율적인 사고 작업을 할 줄 안다는 증거다.

1993년 브리스틀 대학교의 연구 결과를 보면 말기 임신부의 81퍼센트에게 기억력 감퇴 증상이 나타났다. 그들은 방금 전에 배운 단어를 비교 그룹에 비해 잘 암기하지 못했다. 2007년 오스트레일리아의 두 심리학자도 같은 사실을 확인했다. 줄리 헨리Julie Henry와 피터 랜들Peter Rendell은 말기 임신부와 출산 직후

> 스트레스는 더 중요한 일을 위해
> 기억에 과감하게 구멍을 내도록
> 우리를 독려한다.

의 여성들에게 복잡한 문제를 풀게 하는 실험으로 사고력 저하를 확인했다.[65] 여성들은 단기적으로 배운 내용을 암기하는 능력이 떨어졌고 특히 숫자 계산을 힘들어했다. 미래의 일정을 기억하는 미래 계획 기억 역시 절반밖에 작동하지 않았다.

출산이 임박하면 코르티솔은 위급 상황에 처했을 때처럼 여성의 시야를 좁힌다. 사실 곧 닥칠 출산이야말로 인생 최대의 도전이 아닌가. 수학문제 풀기나 단어 외우기, 미용실 예약 따위가 뭐 그리 대수겠는가. 라이프치히 대학병원의 아네테 케르스팅Anette Kersting은 이렇게 요약한다.

"주의력이 아기에게로 향한다. 그래서 덜 중요한 다른 일은 시야에서 사라진다."[66]

이러한 기억력 감퇴에는 코르티솔의 적군 옥시토신도 톡톡히 한몫을 한다. 옥시토신은 스트레스 반응이 끝날 무렵 등장해 코르티솔 분비를 줄임으로써 시스템이 안정을 되찾게 한다. 즉, 옥시토신은 혈압을 낮추고 쾌감을 깨우며 신뢰를 형성한다. 옥시토신이 '사랑의 호르몬'으로 불리는 이유가 여기에 있다.

임신 말기에 옥시토신은 스트레스 반응을 적극 통제한다. 특히 수유기에 옥시토신이 많이 분비되는데, 이 시기의 엄마들은 아기 울음소리를 듣자마자 몸에서 옥시토신이 마구 쏟아져 나온다. 흥미롭게도 이 시기에는 옥시토신과 소위 '앙숙'인 코르티솔도 협력을 아끼지 않는다. 이 시기엔 둘 다 출산과 양육의 성공이라는 중요한 목표를 추구하기 때문이다.

젊은 엄마들의 건망증은 과도한 자극을 막기 위한 방어책이다. 취리히 대학교 심리학자 울리케 엘레르트Ulrike Ehlert의 말대로 "건망증은 스트레스가 넘치는 새로운 상황에서 아기에게 집중하고 아기와 밀접한 관계를 구축하도록 도와준다." 무엇보다 아기가 가장 소중하니 말이다.

ᵒᵒᵒ 체호프의 농담

안톤 체호프는 심리학자도 두뇌학자도 아니지만 아름다운 소설로 스트레스에 따른 인지장애 현상을 멋지게 표현했다. 그 단편소설의 제목은 〈농담〉이다.[67]

나덴카는 스트레스 때문에 주변 세상을 제대로 인식하지 못하는 인물이다. 어느 청명한 겨울날, 1인칭 화자인 '나'는 언덕에 서서 그녀에게 썰매를 함께 타자고 청한다.

"딱 한 번만요. 제가 보장할게요. 절대 다치지 않고 무사할 겁니다."

나덴카는 무섭지만 하는 수 없이 승낙한다. 썰매는 총알처럼 씽씽 달리고 (…) 바람의 압력 때문에 숨을 쉴 수조차 없다. 달리는 동안 갑자기 '내'가 목소리를 죽여 겁에 질린 여자에게 말한다.

"사랑해요, 나덴카."

그들은 무사히 언덕을 내려온다. 나덴카는 다 죽게 생겼다. 얼굴이 백짓장처럼 하얗고 숨도 제대로 쉬지 못한다. (…) 나는 그녀의 손을 잡아 일으킨다.

"두 번 다시 타지 않을 거예요."

그녀가 눈을 휘둥그레 뜬 채 놀라서 나를 쳐다보며 말한다.

"무슨 일이 있어도 절대 타지 않아요. 죽는 줄 알았어요."

잠시 후 정신이 돌아온 그녀가 궁금하다는 표정으로 내 눈을 바라본다. 내가 그녀에게 그 말을 했던가? 아니면 그냥 바람 소리였을까? 나는 그녀 옆에 서서 담배를 피우며 내 장갑을 유심히 관찰한다.

나덴카는 그 사랑 고백이 정말로 자기 동반자의 입에서 나온 것인지 알지 못한다. 바람이었을까? 그녀는 궁금해 죽을 지경이다. 그 말을 했을까 하지 않았을까? 했다? 하지 않았다? (…)

그녀가 내 눈을 피하며 말한다.

"저기요."

내가 묻는다.

"네?"

"우리 한 번만 더 (…) 타요."

또 한 번의 공포와 또 한 번의 사랑 고백, 또 한 번의 의혹. 나덴카는 자기가 잘못 들었는지 아니면 실제로 그가 한 말인지 반드시 알아내고 싶다. 그녀는 얼굴을 붉히며 말한다.

"썰매가, 썰매가 재미있어요. 한 번만. 한 번만 더 타면 (…) 안 될까요?"

백짓장처럼 하얀 얼굴로 겁에 질려 부들부들 떨면서 그녀는 다시 썰매에 오른다. 계속해서, 매일매일. 그러나 결국 확신하지 못한다. 스트레스가 방해하기 때문이다.

정말 그럴까? 독자의 입장에서는 차츰 의심이 밀려온다. 나덴카가 정말 모르는 것일까? 나덴카는 중독되어 자꾸만 의식의 확장을 요구하고 그녀는 아드레날린 중독자가 되어간다.

"나덴카는 이내 포도주나 모르핀에 중독되듯 그 말에 익숙해진다. 그 말이 없으면 살 수가 없다. 여전히 산을 타고 내려오는 것이 무섭지만 공포와 위험은 사랑의 말에 특별한 마법을 선사한다. 여전히 수수께끼라서 영혼을 괴롭히는 그 말에."

이쯤이면 나덴카가 사실은 누가 속삭였는지 안다고 생각할 수도 있다. 썰매를 타고 싶어서가 아니라 사랑 고백이 자꾸만 듣고 싶어서 썰매를 타는 것이라고. 사랑에 쫓겨 아드레날린에 중독된 것이라고. 하지만 나중에는 그녀가 혼자서도 썰매를 타고, 그 장면을 1인칭 화자가 몰래 지켜보는 것으로 보아 그 해석은 틀렸다고 볼 수 있다.

"나덴카가 그 말을 들었는지 잘 모르겠다. (…) 내가 본 것은 그저 지쳐서 힘이 다 빠진 그녀가 썰매에서 일어나는 모습이다. 그녀의 표정에는 그녀 자신도 그 말을 들었는지 아닌지 잘 모른다는 것이 드러난다. 썰매를 타는 동안 너무 겁이 나 단어를 구분하고 이해하는 능력을 잃어버린 것이다."

문예학자들 중에는 나덴카가 당연히 그 말을 들었다고 해석하는 사람이 있다. 그 고백이 자꾸만 듣고 싶어서 무서워도 참고 썰매를 타는 것이라고 말이다.

그러나 현대의 두뇌 연구는 오히려 1인칭 화자의 설명에 손을 들어준다. 나덴카는 사랑 고백이 누구의 것인지 알지 못한다. 스트레스 때문에 중앙 수행 네트워크가 통제력을 상실한 탓이다. 오직 생존에만 초집중해 소리를 들었어도 그 소리가 누구의 것인지 구분할 능력은 없는 것이다.

이것을 아름답고 낭만적으로 해석할 방법은 없는 것일까? 있을 수도 있다. 극단적인 상황일수록 그 내용이 우리에게 얼마나 정서적으로 와 닿느냐가 중요하기 때문이다. 안톤 체호프가 그 단편소설을 쓴 지 140년이나 지난 지금 스트레스 학자들은 왜 나덴카의 말이 거짓말 또는 농담일지도(누가 알겠는가?) 모르는지 그 이유를 설명할 수 있다.

9

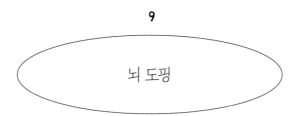

뇌 도핑

나덴카는 정말로 썰매를 타는 동안 상대가 나지막이 속삭인 "사랑해요, 나덴카"라는 말을 듣지 못했을까? 사실 스트레스가 초래하는 기억 구멍은 한쪽 측면에 불과하다. 거꾸로 우리의 사고기관이 스트레스를 받아 기적 같은 기억력을 자랑할 수도 있다.

나는 그 사실을 경험으로 알고 있다. 학창 시절 나는 '오늘 할 일을 가급적 내일로 미루자'는 신조로 시험공부를 최후의 순간까지 미뤘다. 전날 밤, 심지어 시험 당일 날 아침에야 겨우 책을 들추기도 했다. 그러자니 당연히 스트레스를 왕창 받았을 테지만 대신 고도의 집중력을 발휘할 수 있었다.

내가 에바 페터스에게 그 경험담을 들려주었을 때 그녀는 말했다.

"논리적인 과정입니다. 코르티솔과 아드레날린이 기억을 매섭게 만들거든요."

무대 공포증도 정확히 같은 효과를 발휘한다. 댄서나 배우들이 공포에 덜덜 떨면서도 무대에 오르기 직전에 대본과 동작을 빠르게 외우는 이유는 그 공포증에 있다.

이처럼 스트레스는 우리의 수용 능력을 망가뜨리는 동시에 학습에 큰 도움을 준다. 이 무슨 말도 안 되는 모순이냐고? 언뜻 모순 같지만 사실은 그렇지 않다. 올리버 볼프와 라르스 슈바베는 공동으로 스트레스를 받은 뇌의 놀라운 저장 습관을 연구했다. 두 사람은 스트레스 단계에서 우리가 학습 내용을 얼마나 잘 암기하는지 연구했는데, 결론부터 말하면 '내용'이 중요하다. 관건은 그 내용이 스트레스와 얼마나 관련이 있느냐에 있다.

ᄋᄋᄋ 스트레스가 지성에 날개를 달아준다

근본적으로 스트레스는 신체 동작뿐 아니라 지성에도 날

개를 달아준다. 공부한 직후 스트레스를 받으면 뇌는 직전에 감각기관으로 들어온 내용을 더 잘 기억한다. 라르스 슈바베는 스트레스 반응에는 뇌에 전달할 간접 메시지가 담겨 있을 거라고 추측한다. 이를테면 이런 메시지 말이다.

"집중! 방금 들어온 정보는 정말 중요해!"

실제로 공부한 직후 말다툼을 하면 공부한 내용이 더 잘 기억난다. 코르티솔이 뉴런과 시냅스를 도와 배운 내용을 기억에 안착시키기 때문이다. 아무리 그래도 올리버 볼프가 학생들에게 매일 밤 누군가와 싸우라고 조언하지는 않을 테지만, '학습 후 일정 정도의 신체적 흥분이 긍정적 효과를 발휘한다'[68]는 것은 분명 사실이다.

진화 역사를 살펴보면 그 이유를 이해할 수 있다. 선조들이 살던 시대에 스트레스 반응을 유발한 상황은 대부분 생존과 관련된 매우 중요한 순간이었다. 그 상황을 무사히 넘기려면 과거에 비슷한 상황에서 어떻게 대처했는지 기억하는 것이 가장 유리하다. 슈바베는 말한다.

"위험한 순간은 학습 기회다. 그때 가장 중요한 경험치들이 밀려들어온다."

그렇다고 공부하는 동안 스트레스를 받으면 반드시 학습 효과가 높아진다는 말은 아니다. 뇌는 지금 자신이 어떤 내용과

공부한 직후 스트레스를 받으면
뇌는 직전에 감각기관으로 들어온 내용을
더 잘 기억한다.

관계가 있는지 세심하게 구분한다. 그래서 슈바베의 말대로 "스트레스 사건과 직접 연관이 있는 사실만 더 잘 받아들인다." 내일이 지리 시험이라 각 나라의 수도와 지질 시대 이름을 외워야 한다면 시험과 상관없는 스트레스 요인이 아무리 떼거리로 밀려와도 뇌의 관심을 끌지 못한다.

내가 학창 시절 그토록 게을렀어도 시험을 잘 본 이유는 오직 하나, 공부 내용과 스트레스가 밀접한 관련이 있었기 때문이다. 다행히 시험과 암기 내용, 빠듯한 시간이 긴밀히 협조해 스트레스를 자아냈다. 덕분에 나는 지식을 효율적으로 머리에 집어넣을 수 있었다.

반면 스트레스 요인과 관련이 없는 내용은 블랙아웃된다. 시험 내용에 집중력을 쏟아 붓지 않고 '이걸 어쩌지? 내가 할 수 있을까?'라는 부정적인 생각을 하면, 스트레스는 오히려 주의력을 분산시킨다. 스트레스 요인과 직접 관련이 있는 것만 우리에게 정서적으로 와 닿아 기억에 잘 새겨진다. 이것은 진화 차원에서도 이득을 주는 부분이다. 볼프의 말대로 "스트레스 상황에서는 정서적으로 중요한 것이 중립적인 것보다 더 의미가 있다." 이것을 구분하는 책임자는 편도체다. 편도체가 정서적 기억의 파편에 꽝 하고 낙인을 찍는다.

'중요하니 잊지 말 것!'[69]

166

한편 이 사실은 과거의 효율적인 학습법이 장기적으로는 대단히 비효율적인 이유를 설명해준다. '중요하다'는 낙인은 어느 순간 퇴색해버릴 수 있기 때문이다. 에바 페터스는 내게 "당신은 단기 기억을 활성화했던 거예요. 하지만 그곳엔 아무것도 오래 머무르지 않아요"라고 말했다.

실제로 학창 시절에 대량으로 분비된 지방산, 포도당, 호르몬 덕분에 머릿속으로 순식간에 밀고 들어갔던 단어와 공식은 이미 오래전에 내 머리 바깥으로 튕겨져 나왔다. 왜일까? 그것이 시험지를 제출하는 순간까지만 정서적으로 내게 와 닿아서다. 그 내용을 장기 기억으로 퍼 날라야 하는 단계에 이르면 무관심이 돌아온다. 시험보다 다른 것이 더 정서적으로 나를 건드리는 탓이다.

◌◌◌ 압박감을 느끼면 습관으로 돌아간다

이쯤에서 나덴카의 경험담으로 돌아가 보자. 지금 우리의 지식수준에서 보면 그녀는 분명 상대의 속삭임을 들었다. 그러니까 나덴카는 농담을 했고 그녀는 그 속삭임을 계속 듣고 싶어 했다. 문예학자들이 안도의 한숨을 내쉬는 소리가 내 귀에까지 들리는 듯하다. 그들의 낭만적인 해석이 드디어 인정을 받았으니 말이다.

그렇다고 그들의 해석을 전적으로 인정하는 것은 아니다. 신경생물학자 카르멘 샌디의 쥐 실험 때문이다. 1997년 그녀의 연구팀은 스위스 로잔에서 두 가지 사실을 밝혀냈다. 먼저 스트레스를 가하자 쥐들이 물속에서 길을 더 잘 찾아냈다. 물론 일정 정도까지였다. 추위의 강도를 더 높였더니 쥐의 집중력이 눈에 띄게 떨어졌다. 그러니까 적정 수준의 스트레스만 기억력을 높여주는 셈이다. 너무 강한 스트레스는 만성 스트레스 못지않게 해롭다. 극단적인 경우 블랙아웃이 일어나 기억을 저장하지도 불러내지도 못한다.

안톤 체호프에게 직접 물어보면 나덴카가 썰매를 타는 동안 스트레스가 얼마나 대단했는지 자세히 설명해주겠지만, 안타깝게도 그는 100년도 더 전에 세상을 떠났다. 설령 살아 있을지라도 대답을 거부했을 가능성이 크다. 어느 작가가 자신의 신비로운 이야기에 굳이 해석을 가해 그 신비의 마법을 벗겨내려 하겠는가?

그러니 다른 화급한 문제로 관심을 돌리는 편이 더 낫겠다. 뇌에겐 또 다른 우선순위가 있으니 말이다. 스트레스 상황에서 뇌가 특별히 우선시하는 것 중에는 습관적인 행동도 있다. 예를 들면 신체 동작이 그렇다. 이 말을 듣는 순간 많은 사람이 궁금해 할지도 모른다. 축구선수들이 이 사실을 알면 좋아할까? 당연한 일이 아닌가.

축구선수의 뇌도 우리의 뇌처럼 스트레스를 받으면 복잡한 인지 과정을 생략하고 싶을 것이다. 그런 것은 스트레스가 지나가고 난 뒤에 천천히 해도 늦지 않다. 이때 필요한 것이 당면 문제를 해결하는 자동 행동이다. 그것은 검증을 거쳐 몸에 익은 습관적인 행동을 말한다.

보루시아 묀헨글라드바흐의 공격수는 5만 4,000명의 관중이 지켜보는 경기장으로 들어서면 자기도 모르게 그동안 몸으로 익힌 능력을 발휘한다. 심리학자 라르스 슈바베는 "압박감을 느끼면 뇌는 습관으로 돌아간다"라고 말한다.

잠깐! 보루시아의 감독 앙드레 슈베르트에게 한 가지 비밀을 더 알려주고 싶다. 힘든 상황에 처한 뇌는 저장한 내용을 불러낼 때는 물론 새로운 내용을 저장할 때도 습관적인 것을 선호한다. 이 순간 뇌는 자동 행동을 단단히 다지는 데 전력을 다한다.

심리학자 슈바베가 축구 감독 슈베르트에게 줄 수 있는 중요한 정보는 이것이다. 중요한 경기에 출전해 스트레스를 받으면서 꾸준히 동작을 몸속에 저장한 선수가 가장 크게 발전한다. 이들은 다음 번 중요한 경기에서도 저장한 동작을 더 확실히 불러낼 수 있다.

이것이 루틴(선수가 특정 방식으로 반복하는 습관적인 행동이나 반응 —옮긴이)에 관한 두뇌생리학적 설명이다. 루틴을 따르는 사람은 과거의 스트레스 덕분에 미래의 스트레스 상황에서도 효과가 입증된 자동 행동을 기억에서 불러낸다. 물론 경험이 없으면 대처 방안을 고심해야 한다. 그런데 편도체가 위기 상황이라고 경보를 울리는 순간에는 사고기관이 작동을 멈추므로 고민과 고심이 힘들다. 훌륭한 공격수는 생각하면 안 된다는 말이 나온 이유가 여기에 있다.

3장

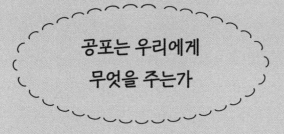

공포는 우리에게
무엇을 주는가

1

살인자와 나

1975년 7월 17일, 유난히 심한 여름의 기삿거리 가뭄을 어렵게 버텨내던 함부르크의 여러 언론사에 희소식이 들려왔다. 오텐젠에서 화재가 발생한 것이다. 화재 그 자체는 흥밋거리가 아니었으나 화재 진압 후 보고도 믿기 힘든 화재 현장이 몇 주 동안 넘치도록 기삿거리를 제공했다. "머리가 잘리고 온몸이 난도질을 당한 여성 시신 네 구"가 발견된 것이다. 범인이 그들을 "삽만 한 거대한 손으로 목을 졸라 죽였는지" 아니면 "산 채로 톱으로 썰었는지"[70]를 두고 온갖 추측이 난무했다.

기자들의 이 먹잇감은 우연히 발견된 것이었다. 화재 현장에서 남은 불씨를 찾아 제거하던 소방관들은 차이스 가 74번지 건물의 지붕 밑에서 무언가가 썩는 냄새를 맡았다. 그 냄새를 따라간 그들은 그곳의 쓰레기봉투 안에서 잘린 팔다리를 찾아냈다. 범인은 그 건물 다락방에 세 들어 살던 야간경비원 프리츠 혼카로 밝혀졌고 그의 방에서 잘린 가슴, 코, 귀 등 시신의 나머지 부분이 발견되었다.

지역 신문들은 호들갑을 떨며 프리츠 혼카의 뒷조사에 돌입했다. 네 명의 피해자는 모두 알코올에 중독된 늙은, 매춘부로 실종되어도 찾을 사람이 없는 여성들이었다. 그들을 세인트파울리의 한 술집에서 만난 혼카는 자기 방으로 데려와 함께 술을 마신 다음 섹스를 거부하거나 섹스할 때 "나무판자처럼" [71] 뻣뻣하게 굴면 죽여버렸다. 체구가 작고 언어장애가 심한 혼카는 사고와 구타로 얼굴이 뒤틀린 데다 두꺼운 뿔테안경까지 써서 사이코패스 살인범의 이미지와 완벽하게 맞아떨어졌다. 신문을 장식한 사진들은 혼카가 피해자 몸을 자르는 데 사용한 톱과 여자 누드 사진으로 도배된 벽, 그의 섹스 인형들을 보여주었다.

◦◦◦ 왜 우리는 살인에 끌리는가

1976년 12월 재판 날짜가 다가오자 다시 한 번 온 도시가 들끓었다. 사람들은 살인자가 여자들을 만났다는 술집 '황금 장갑'을 아예 '혼카 술집'으로 바꾸어 불렀다. 클럽에서는 모두가 신이 나서 혼카 사건을 소재로 한 히트송 〈여자들을 톱으로 썰었어〉를 따라 불렀다. 심리가 열리는 날, 함부르크 지방 법원은 구경 나온 사람으로 문전성시를 이루었다. 다른 세입자들이 시체 썩는 냄새가 난다고 계속 항의해도 몇 년 동안이나 방치되어 있던 사건이 하루아침에 온 시민의 마음을 사로잡은 것이다.

혼카의 사례보다 더 악恶의 매력을 또렷이 보여준 사건은 거의 없다. '황금 장갑' 술집의 입구엔 지금도 '혼카 술집'이라는 표지가 붙어 있다. 매주, 심지어 크리스마스에도 세인트 파울리 관광안내소는 '범죄의 흔적을 찾아서'라는 제목의 순회 프로그램을 운영한다. 그 프로그램의 하이라이트는 레베렌트 로젠이 일행을 "사이코패스 프리츠 혼카가 여자들을 훔쳐보던 그 장소"[72]로 데려가는 시간이다.

왜 우리는 살인에 끌리는가? 철학은 탄생 이후 줄곧 그 이유를 고민했다. 문명의 존재인 인간은 평범한 삶에서 폭력적 죽음을 멀리 쫓아버렸다. 폭력은 국가만 팔 수 있는 독점 상품이다. 국가는 법을 만들어 시민을 보호하고 무기 소지도 엄격하게 규제한다. 그러나 혼카를 비롯해 자기 딸을 24년 동안 감금, 강간해 아이를 일곱 명이나 낳게 한 오스트리아의 요제프 프리츨 같은 끔찍한 인간이 등장하는 순간 우리는 문득 깨닫는다. 악은 추방되지 않았다는 사실을 말이다. 우리는 당황하는 중에도 흥미를 보이고 놀라워하면서도 매력을 느낀다. 그리고 우리 자신에게도 그들과 비슷한 심리가 없는지 궁금해 한다.

내면의 악과 맞서 싸우는 개인의 투쟁은 사상의 원초적 주제 중 하나다. 요한 볼프강 괴테는 《파우스트》에서 그 문제를 대가다운 솜씨로 풀어냈다. 기독교의 관점에서 악은 신을 배반하고 불충한 존재지만, 지그문트 프로이트가 보기에 악은 성애와 공격 충동이 만들어낸 멋진 작품이다. 장 자크 루소는 인간이 천성적으로 선하다고 보았으나 오스트리아 과학자 프란츠 부케티츠Franz Wuketits는 인간은 결코 천사가 아니라고 주장했다. 인간이 전쟁과 고문, 살인을 제거할 만한 윤리를 만들지 못했다는 이유에서다.

진화생물학적으로 보아도 우리 내면의 악은 결코 놀랍지 않다. 괴팅겐 대학병원 정신과 교수 보르빈 반델로Borwin Bandelow는 말한다.

"매머드 사냥에서 특별히 용맹을 뽐낸 사람은 일찌감치 우두머리가 되어 예쁜 여자를 많이 얻고 세상에 자기 유전자를 널리 퍼트릴 수 있었다. 반사회적이란 것도 생존이나 번식력과 짝을 이룬다. 그 점은 지금까지도 달라지지 않았다."[73]

　　몸은 자기 생존에 유익한 것으로 보상을 하는데, "인류 역사에서 지배와 권력, 공격성은 항상 두뇌의 엔도르핀 분비로 보상을 받았다."[74] 물론 '정상적인' 인간이 살인자가 되려면 전쟁이나 질병 같은 극단적인 상황을 전제해야 한다는 것이 반델로의 입장이지만, 사회화로 얻은 통제력은 범죄만 막아줄 뿐 악이 선사하는 흥분까지 막지는 못한다. 이 흥분은 생리적으로 측정이 가능하고 스트레스 반응과 구분하기가 어렵다.

◌◌◌ 스릴을 탐하는 사람들

　　미국 문예학자 조너선 갓셜Jonathan Gottschall은 재미난 실험을 제안했다.

　　"당신을 투명인간으로 만들어 우주를 여행하도록 돕는 마법의 기계가 있다고 상상해보자. 그곳에 도착하기 전부터 당신은 얼마나 끔찍한 모습을 보게 될지 알고 있다. 강간 후 살해당한 여자, 고문하고 훼손해 갈가리 찢어놓은 몸뚱이. 그리고 겉보기엔 멀쩡한 인간들이 나치와 정신병자로 밝혀진다. 그 장면을 보는 동안 당신은 공포를 느낀다. 심장이 격하게 뛰고 숨이 가빠

인류 역사에서 지배와 권력, 공격성은
항상 두뇌의 엔도르핀 분비로 보상을 받았다.

지며 땀이 쏟아진다."[75]

이제 갓셜은 당신에게 질문한다.

"그 마법의 기계를 이용하겠는가?"

누가 그런 기계를 이용하겠느냐고? 그렇지 않다. 이 허구 시나리오는 스티그 라르손Stieg Larsson의 추리소설《여자를 증오한 남자들》에 나오며 그 마법의 기계는 소설이다.

실제로 공포가 주는 쾌감은 선사시대부터 우리를 잔혹한 이야기로 이끌었다. 이것은 살인사건 해결에 미력하나마 도움을 주겠다는 책임 의식이 아니라 인간 괴물의 활약상을 지켜보며 우리가 스릴을 느끼기 때문이다. 현실에서는 각종 안전장치가 위험한 사건을 최소로 줄이는 까닭에 우리는 허구에서 스릴을 탐닉한다.

다른 한편으로 우리는 작품에서 스트레스를 경험한다. 범죄소설에서 공포와 죽음의 고통에 시달리는 등장인물과 마주치는 우리는 글을 읽으며 심리적 극한에 처하고 이때 스트레스를 받는다. 즉, 죽음의 고통을 견뎌야 하는 인물의 감정 세계에 자발적으로 (그리고 계속해서) 공감한다.

이러한 부담감에도 불구하고 악을 다루는 문학작품은 최고의 인기를 구가한다. 세상에 나오는 소설 네 권 중 한 권이 범죄를 다룬 작품이다. 독일 TV에서 방영하는 영화와 드라마의

공포가 주는 쾌감은 선사시대부터 우리를 잔혹한 이야기로 이끌었다.

3분의 1도 범죄를 다룬다. 보르빈 반델로는 그 이유를 인간의 원초적 공포 시스템에서 찾는다. 진짜 위험과 TV 속 위험을 구분하지 못하는 공포 시스템은 "정말로 나쁜 일이 일어났다고 생각하기" 때문에 실제로 심장이 뛰고 몸이 떨린다. 나아가 그 공포는 결국 흥분을 불러온다.[76] 반델로는 공포로 시작해 환희로 끝난다는 뜻에서 공포영화를 롤러코스터에 비유한다.

19세기에 탄생한 추리소설은 문학 장르로는 상대적으로 역사가 짧지만, 사실 문학은 에드거 앨런 포가 탐정 이야기를 개발하기 전부터 즐겨 살인을 다뤘다. 가령 셰익스피어의 연극은 그야말로 피의 향연이다. '검은 낭만주의' 문학에서도 공포는 중심 주제였고 E. T. A. 호프만Hoffmann의《악마의 묘약Die Elixiere des Teufels》이나 하인리히 폰 클라이스트Heinrich von Kleist의《칠레의 지진Das Erdbeben in Chili》은 문예학자 롤란트 보르가르츠Roland Borgards의 말대로 "광기에 억눌린 내면을 가시화해 외면으로 읽는 (…) 괴물들의 거대한 무기고"[77]인 내용을 선보인다.

더 거슬러 올라가면 성경 역시 비열한 살인자가 공포를 조장하고 탐욕과 증오가 넘쳐난다. 성경의 시작 부분인 창세기부터 카인이 동생 아벨을 죽이고(창세기 4장 1-6절) 신이 해결사로 나선다. 갓셜은 우리가 사이코패스의 살인에 흥분하는 것을 이상하게 여길 필요가 없다고 말한다.

"어쨌든 인간은 피와 고통의 축제를 항상 좋아했다."

이는 고대 로마의 검투사 경기, 중세의 공개 고문과 처형, 현대의 컴퓨터 게임에서도 알 수 있는 사실이다.

"보통 사람도 타인의 고통을 보며 엄청난 만족을 느낄 수 있다."[78]

⌒⌒⌒ 추리소설이 우리 몸에 하는 일

그렇다고 추리소설이나 탐정소설 독자들이 자신의 이러한 열정 때문에 낭패감을 느낄 이유는 없다. 갓셜의 분석은 그들에게도 명예로운 플러스 점수를 주고 있다.

"추리소설 팬들은 특히 허구 이야기를 열심히 읽는 소비자다."

그들은 열정을 다해 작가가 흩어놓은 퍼즐 조각을 끼워 맞춘다. 그래서 "훌륭한 추리소설은 스도쿠를 풀 때 느끼는 인지 훈련의 기쁨과 전통적 이야기가 안겨주는 만족을 함께 선사한다."[79]

추리소설 줄거리는 스트레스 반응 순서와 거의 흡사하다. 일단 잔혹한 폭력과 음울한 욕망, 냉혈이 집중적으로 터져 나온다. 이때 그 이야기를 읽는 독자의 흥분 시스템이 활동을 개시한다. 그다음으로 탐정이 나서서 수사를 진행하면 독자의 흥분은 치솟고 코르티솔 수치도 오르막을 탄다. 결국 플롯은 거의 언제나 극도로 도덕적인 결말로 끝나고 죄인은 현실에서보다 더 확실하게 벌을 받는다. 그러면 스트레스 반응이 끝날 때처럼 평화가 찾아오고 우리 몸에서는 부교감신경이 질서를 회복한다.

얽히고설킨 사건을 해결하는 해결사의 활약상을 잘 묘사한다고 해서 그 작품이 인기를 끄는 것은 절대 아니다. 인기 있는 장르소설 작가는 독자가 주인공의 끔찍한 상황을 자신의 일인 양 상상하며 함께 숨 막히는 고통에 몸부림치도록 만든다. 유시 아들레르 올센Jussi Adler-Olsen의《자비를 구하지 않는 여자》는 그 점에서 특별히 성공을 거둔 대표적인 사례다.[80]

소설의 긴장은 납치당한 피해자가 애당초 정해진 날짜에 죽을 운명이라는 사실로부터 시작된다. 하지만 끌려온 여성 정치가 메레테 링고르가 5년 동안 기괴한 공간에 갇혀 있었음을 아는 순간 독자의 불쾌감은 참기 힘든 수준으로 치솟는다. 그녀가 갇힌 곳은 과거에 원자력발전소의 강철 저장용기 밀도를 테스트하던 거대한 압력실이다. 해마다 피해자의 생일에 범인은 압력을 1기압씩 높인다. 이제 다가올 회심의 날에 그동안 높여둔 6기압을 단번에 1기압으로 낮추려고 한다. 그러면 그녀의 신체 조직과 뼈에 저장된 가스가 갑자기 팽창하면서 그녀의 세포는 터져

버릴 것이다.

500쪽이 넘는 책장을 넘기는 내내 독자는 압력실에 갇힌 피해자의 모습을 머리에서 지우지 못한다. 또한 압력이 올라갈 때마다 자기 몸이 짓눌리는 듯 압력을 느끼며 음침한 공간에서 죽어가는 가엾은 주인공과 함께 고통을 받는다. 덕분에 《자비를 구하지 않는 여자》는 베스트셀러가 되었고 저자는 스칸디나비아 누아르 작가의 상위권에 진입했다.

이쯤에서 혼카와 내 인연을 고백해야겠다. 책을 쓰는 동안 나는 이사를 했는데 공교롭게도 새 거처는 오텐젠, 그것도 모자라 차이스 가다. 물론 74번지는 아니지만 아침마다 침실 창밖을 내다보면 대각선 방향으로 그 다락방이 보인다. 그 다락방 창문 뒤에서 야간 경비원 프리츠 혼카는 여자들을 죽여 톱으로 썰었다.

혼카는 1998년 양로원에서 숨을 거두었으나 그 끔찍한 범행 현장과 가까이 있다는 생각이 들 때면 나도 모르게 등골이 오싹한다. 퇴근할 때면 나도 모르게 차이스 가 74번지 집을 슬쩍 올려다보기도 한다. 간혹 커튼 뒤로 불이 환할 때가 있다. 누가 저 집에 사는 걸까? 저곳에 사는 사람은 40년 전 그 집에서 무슨 일이 있었는지 알고 있을까?

2

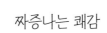

짜증나는 쾌감

사람을 상대로 하는 서비스직이라고 해서 꼭 스트레스를 받으며 일할 이유는 없다. 일하는 곳이 천혜의 자연으로 둘러싸인 호텔이라면 더욱더 그렇다. 아내와 아이를 일터로 데려와도 좋다는 조건은 가족 친화적 회사라는 느낌마저 준다.

영화감독 스탠리 큐브릭Stanley Kubrick이 만든 영화에 이러한 서비스직이 나오는데, 그 원작은 스티븐 킹이 썼다. 두 사람을 아는 독자라면 그 가족 친화적 일자리가 큰 문제를 일으키더라도 몹시 놀라지는 않을 것이다.

주인공은 겨울 동안 외부 세계와 단절된 빈집을 관리

하는 일을 맡는다. 눈에 완전히 파묻힌 그 호텔은 영업을 하지 않아 손님도 다른 직원도 없다. 이 말은 글이 뜻대로 써지지 않아 괴로운 작가 잭 토런스가 아내 웬디, 아들 대니와 단 셋이서 몇 달 동안 그 거대한 건물에서 살아야 한다는 뜻이다. 이로써 이 시대 최고의 공포영화 한 편이 등장할 채비를 마쳤다.

1980년 극장에 걸린 그 영화의 제목은 〈샤이닝〉이다. 콜로라도 산맥에 자리한 이 호텔에서는 두 가지 요인, 즉 따분한 고독과 (과거에 일어난) 무시무시한 사건이 결합해 주인공에게 영향을 미친다. 영화는 주인공 작가가 어떻게 미쳐 가는지 보여주고 그 극악한 변화는 아들과 아내에게로 향한다. 심지어 주인공은 도끼를 손에 든다. 감독 큐브릭은 이미 1966년에 자신의 목표를 친구에게 명확히 밝혔다.

"세상에서 가장 무서운 영화를 만들고 싶다. 관객의 두려움을 요리하는 악몽과도 같은 에피소드, 그러한 에피소드가 넘치는 영화를 만들고 싶다."[81]

◠◠◠ 스탠리 큐브릭과 공포의 심리학

작가 다이앤 존슨Diane Johnson과 함께 시나리오를 집필하기 전 그는 지그문트 프로이트의 에세이《섬뜩함 Das Unheimliche》을 읽었다. 또한 두 사람은 준비 작업을 하면서 잘 만든 공포물의 대가 에드거 앨런 포의 작법을 분석했다. 이처럼 영화 〈샤이닝〉의 한가운데에는 "공포의 심리학"[82]이 자리하고 있다.

　　이것은 애초에 스트레스를 깨우기 위한 영화였고, 큐브릭은 목적을 이루고자 효과가 입증된 모티브들을 사용했다. 치명적인 사건, 긴 복도, 많은 방이 있는 집에서 외부와 완전히 격리되는 것은 그야말로 성공의 탄탄한 기반이다. 초능력이 있는 아이도 효과가 입증된 보충 장치다. 나아가 인물과 관객의 인식이 뒤죽박죽 헝클어진다. 꿈의 장면과 환각이 있고 시간 차원도 뒤엉킨다. 여기에다 각각의 장면은 최악의 구토증을 유발할 잠재력이 있다. 예를 들어 폭포수 같은 피가 승강기 문을 뚫고 들어와 마치 쓰나미처럼 관객을 덮친다.

　　관객을 감정의 벼랑 끝으로 몰기 위해 큐브릭이 사용한 특별한 심리 트릭은 하나 더 있다. 그는 배우를 엄청난 스트레스 상황으로 몰아갔고 특히 셸리 듀발이 제일 큰 피해자였다. 감독은 미쳐가는 잭 토런스의 아내 역을 맡은 그녀를 쓰레기처럼 취급했고, 촬영팀에게도 그렇게 하라고 요구했다. 여배우에게 고립감을 심어주기 위해서였다. 또 그녀와 계속 언쟁을 벌이는 한편 걸핏하면 장면과 대본을 바꾸었다. 심지어 그녀가 야구방망이를 들고 미친 남편을 피해 계단을 뒷걸음질로 올라가는 장면은 엔지를 연발해 무려 127번이나 찍었다. 그 장면에서 그녀는 127번이나 공포와 절망을 비명으로 표현하고 신경질적으로 야구방망이를 휘두르며 도망쳐야 했다. 이 장면은 기네스북에 올랐다. 세상 그 어떤 영화감독도 같은 장면을 그렇게 많이 반복하지는 않기 때문이다.

당시 셸리 듀발은 탈모에 시달렸다. 영화만 봐도 그녀가 거의 신경줄이 끊어지기 일보 직전이라는 사실을 알 수 있다. 그 심리 테러의 결과는 놀라웠다. 그녀가 그처럼 인상 깊게 공포를 스크린에 흘려보낸 덕에 관객은 그 고통의 몇 분 동안 절망의 감정에서 헤어 나오지 못했다. 나중에 그녀도 웬디 토런스 배역이 평생 제일 힘든 역이었다고 고백했다.

큐브릭 감독의 〈샤이닝〉은 영화 촬영기법으로도 거대한 소용돌이를 일으켰다. 헬리콥터에서 촬영한 가을 산의 오프닝 장면은 믿기 힘들 정도로 아름다운 전원의 풍경을 보여준다. 그러나 그 아름다운 영상은 신시사이저의 기묘한 음악과 결합해 몹시 소름끼치는 분위기를 자아낸다.

호텔 안과 주변을 찍을 때는 당시 최신 기술이던 스테디캠의 가능성을 완벽히 활용했다. 이 기술을 이용하면 무거운 휴대용 카메라를 들고 뛰어도 흔들리지 않는 안정된 영상을 만들

수 있다. 스테디캠의 발명자 개럿 브라운Garrett Brown은 직접 카메라를 들고 높은 울타리로 둘러싸인 눈 덮인 정원을 뛰어다녔다. 그렇게 탄생한 그의 역동적인 영상들은 고도의 주관성을 창조했고, 미친 아버지를 피해 달아나는 아들의 충격을 사실적으로 전달했다.

이 기술은 공포를 연출하고 또 그것을 불러일으키는 데 이상적인 수단이다. 함부르크 영화평론가 카차 니코데무스Katja Nicodemus는 말한다.

"스트레스 유발은 문화 활동이다."

○○○ 서스펜스 유발 원칙

극장을 찾은 관객은 지금 이 상황이 그저 영상에 불과하다는 사실을 잘 안다. 그럼에도 불구하고 그 영상의 영향에서 자유롭지 못하다. 특히 영화관은 TV를 볼 때와 달리 깜깜한 곳에서 혼자 상상을 펼치는 까닭에 스크린에서 펼쳐지는 공포, 속도감, 인간적 비극에서 쉽게 빠져나오지 못한다. 우리 감각은 뇌의 정서 부위를 자극하고야 말겠다는 감독과 카메라맨, 편집자, 애니메이션 대가 들의 작정에 거의 무방비 상태에 놓인다. 그들은 3D 기술을 차용하고 폭력을 근접 촬영하며 피를 양동이째 들이

붓는다. 까마득한 원시시대부터 피의 붉은색은 인간을 흥분에 빠뜨려왔다. 오죽하면 '피 공포증'이라는 장애가 있겠는가.

영화가 끝날 무렵 다시 한 번 관객의 스트레스 레벨을 치솟게 만드는 흔한 기법으로는 쇼다운을 많이 활용한다. 이때 대개는 주인공이 악당과 마지막 힘겨루기를 한다. 이탈리아 출신 감독 세르지오 레오네Sergio Leone는 이 긴장의 절정을 가장 솜씨 좋게 마무리하는 서부극의 대가다. 그의 작품은 항상 음악과 편집, 근접 카메라의 완벽한 조화로 극적 효과를 드높인 결투 신으로 마지막을 장식한다. 카메라가 무기와 손을 번갈아가며 클로즈업하고 적들의 눈동자가 화면을 가득 메우면 모두들 예상한다. 곧 총알이 발사되겠구나!

'최후의 순간 주인공이 해결책을 찾는' 패턴 역시 수천 번도 더 봤지만 지금도 통한다. 그 버전은 수없이 많다. 이를테면 시한폭탄을 해체하고 암살자를 막아내고 기계가 당도하고 암호를 해독하고 야수를 멀리 내쫓는다. 뻥 터지는 순간을 향해 쉼 없이 째깍거리는 시계는 영화감독들이 특히 좋아하는 아이템이다. 악당이 주인공의 머리를 달리는 자동차나 기차, 승강기, 우편마차 밖으로 밀어내고 주인공이 (당연히 마지막 순간) 가까스로 위험을 모면하는 드잡이도 진부하지만 위험한 상황으로 스트레스를 유발하는 애용 장면이다. 관객은 누구나 그다음 장면이 무엇인지 알면서도 공포를 느낀다. 가장 대표적인 것이 제임스 본드가 출연하는 영화다.

　문화학자들은 이런 식으로 관객에게 긴장감을 조성하는 것을 '서스펜스'라고 부른다. 앨프레드 히치콕Alfred Hitchcock만큼 이 개념을 우리 머리에 깊이 각인한 감독도 없을 것이다. 그의 비법은 이것이다.

　"등장인물들이 모르는 사실을 관객은 알게 하라."

　그러면 관객들은 조마조마한 가슴을 움켜쥐고 어쩔 줄 몰라 한다. 그는 프랑수아 트뤼포Francois Truffaut와의 인터뷰에서 한 가지 예를 들어 서스펜스 유발 원칙을 설명했다.

　"가령 우리가 이야기를 나누고 있다고 해봅시다. 그때 탁자 밑에는 폭탄이 있습니다. 우리는 지극히 일상적인 대화를 나누고 특별한 일도 없어요. 그러다 갑자기 펑 하고 폭발합니다. 관객은 깜짝 놀라지만 그 이전 장면은 지극히 평범하고 흥미롭지도 않아요. 이제 서스펜스를 살펴봅시다. 관객은 탁자 밑에 폭탄이 있다는 사실을 알아요. 무정부주의자가 거기에 설치하는 장면을 관객이 보았다고 가정해봅시다. 관객은 폭탄이 1시에 터진다는 것을 아는데 화면의 시계가 지금 시각이 12시 55분이라는 걸 보여줍니다. 똑같이 무료한 대화도 관객이 장면에 참여하기 때문에 흥미로워집니다. 관객은 화면에 나오는 사람들에게 외치고 싶지요. 그 따분한 이야기는 그만해요! 탁자 밑에 폭탄이 있다고요! 금방 터진다고요! 첫 번째의 경우 관객은 폭탄이 터지는 15초 동안 놀라지요. 반면 두 번째의 경우엔 우리가 관객에게 15분 동안 서스펜스를 제공하는 겁니다."[83]

◦◦◦ 공포를 향한 욕망이 만든 무한한 창조력

감독들이 우리를 통제 불능 상태로 몰아가는 방법의 폭은 실로 어마어마하다. 물론 그 효과도 다양하기 그지없다. 공포영화의 하위 장르인 스플래터 영화는 피 튀기는 폭력 현장을 상세하게 묘사한다. 구역질이 날 정도로 치밀하게 폭력을 묘사하는 까닭에 당연히 엄청난 충격을 예상할 수 있다. 스플래터란 '튀다'라는 뜻으로 대개는 화면에 인공 혈액이 낭자하다. 인간은 다친 사람을 보기만 해도 스트레스를 받기 때문에 이 패턴의 효과는 대단하다. 이러한 스플래터 영화에 자주 등장하는 인물은 잔인한 도구나 톱으로 살육을 일삼는 사이코패스와 식인자다.

공포물의 개척자로 알려진 미국의 조지 로메오George Romeo 감독은 1968년 작 〈살아 있는 시체들의 밤〉과 1978년 작 〈좀비〉로 공포영화의 장을 열었다. 주요 내용은 무덤에서 기어 나온 시체들이 좀비가 되어 인간을 습격하는 것이다. 그의 영화는 스플래터뿐 아니라 고어적 요소도 상당하다. 고어는 '응혈', '엉긴 피', '핏덩이'라는 뜻으로 몸이 찢어지는 장면보다 장기를 뜯어내거나 창자를 헤집는 등 익숙해지기 힘든 장면이 많이 등장한다.

그러나 이 피상적인 접근은 대개 효과가 길지 않다. 영화 평론가 니코데무스의 말대로 "감독이 깊이 있는 내용을 담지 않으면 그 어떤 것도 오래가지 못한다." 실제로 깊은 감명을 받아야 그 장면이 "일생 동안 함께 가는 법이다."

스플래터 요소들은 극장으로 관객을 끌어모으는 데는 일단 성공했다. 올리버 스톤의 1994년 작 〈내추럴 본 킬러스〉의 몇몇 장면은 이러한 연출 전통에 바탕을 두고 있다. 〈펄프 픽션〉과 〈킬 빌〉의 감독 쿠엔틴 타란티노도 이 전통에서 강렬한 영감을 받았다. 그렇지만 공포 장르의 클래식이 누린 인기는 결코 터지는 혈관에서 나온 게 아니다. 그들은 저 깊은 곳에 자리한 관객의 공포를 뒤흔들었다. 대표적으로 〈조스〉는 바다를 바라보면서 과연 저 밑에 무엇이 있을까 하고 생각할 때 느끼는 불쾌감을 명장의 솜씨로 공략한 작품이다. 1975년 이후 우리는 스필버그 덕분에 그 밑에 무엇이 있는지 정확히 알게 되었다. 튼튼한 턱과 몇 줄의 이빨로 무장한 동물이 우리를 노리며 숨어 있다는 사실을 말이다.

새로운 형식의 공포를 오매불망 기다리던 미국의 액션영화 팬들은 벌떼처럼 극장으로 몰려갔다. 영화가 나온 지 40년 후 독일 조간신문 〈디 벨트Die Welt〉가 평했듯 조스를 향한 공포는 "공포영화의 베르테르 효과 같은 것이었다. 갑자기 모두가 이런 공포에 사로잡혔다." [84] 한 편의 영화로 그토록 많은 수익을 거둔 적도 처음이었다. 전 세계적으로 〈조스〉가 벌어들인 돈이 4,700만 달러에 달한다. 그 이유는 〈조스〉가 리얼 공포, 리얼 스트레스를 생산하는 2시간 동안 무사히 살아남은 모두가 엄청난 충격을 딛고 환희에 빠져 진심으로 작품을 추천했기 때문이다.

실제로 효과는 무시무시했고 무엇보다 오래갔다. 18세기에 독일 문학계에서 일어난 슈투름 운트 드랑Sutrm und Drang(질풍노도) 시대에 젊은 남성들이 실연으로 고뇌하는 베르테르 이야기를 읽고 자살에 매료되었다면, 스필버그의 영화는 모두를 공포에 빠뜨리는 공포의 엑기스 완제품을 제공했다. 그 엑기스를 머릿속에 담고 있으면 바다를 보는 즉시 상어가 떠올라 공포를 느낀다. 영화를 본 후 관광객들은 해변을 기피했고 사람들은 바다 수영을 주저했다. 인류의 상당수가 물 공포증 환자가 될 위험이 높았지만 사람들은 개의치 않고 자발적으로 극장에 갔다.

경제적 의미는 더 말할 필요도 없다. 2014년 미국에서만 영화와 비디오 산업이 올린 매출은 90억 달러에 달한다. 그중에서도 관객의 심리를 가격해 고혈압과 아드레날린 분비 촉진을 목표로 한 작품의 비율이 상당하다는 사실은 극장 프로그램과 영화의 역사에 고스란히 나타난다. 공포를 향한 우리의 욕망이 잦아들지 않는 한 이 장르는 엄청난 매출과 함께 새로운 형식이나 기법을 끊임없이 양산할 가능성이 크다. 아울러 공포영화 감독들은 효과적인 스트레스 유발 방법을 찾아 무한한 창조력을 발휘할 것이다.

⌒⌒⌒ 카타르시스, 공포와 비극의 기능

〈블레어 위치 프로젝트The Blair Witch Project〉는 값비싼 특수효과가 없어도 충분히 공포를 조장할 수 있다는 사실을 입증한 작품이다.[85] 다큐멘터리를 가장한 이 영화의 예산은 고작 6만 달러에 불과하다. 1999년에 나온 이 작품은 저예산을 투자해 전 세계적으로 2,500만 달러의 수익을 거둠으로써 역사상 최대 수익을 올린 작품으로 기록되었다. 따지고 보면 작품의 성공 비결은 '굉장히 현실적'이라는 느낌이다. 관객은 작품을 현실로 받아들였고 진짜 다큐멘터리라는 영화사의 고의적인 거짓 정보를 정말로 믿은 관객이 적지 않았다. 그것은 트릭이었다. 흥미롭게도 영화는 이런 자막으로 문을 연다.

"1994년 10월 세 명의 영화학도가 메릴랜드 주 버키츠빌 근처 숲에서 다큐멘터리를 촬영하던 중 실종되었다. 1년 후 우리는 그들이 촬영한 자료를 발견했다."

그리고 실종된 사람들이 비디오카메라와 16밀리미터 카메라로 찍은 것으로 보이는 영상이 78분 동안 이어진다. 그 내용은 전설의 초자연적 존재, 블레어의 마녀를 찾는 과정이다. 인터뷰 장면, 한밤중에 숲속을 걸으며 찍은 흔들리는 영상, 마법에 걸린 숲을 구하려 애쓰다 서서히 미쳐가는 주인공들은 이 영화의 리얼리티를 높여 공포를 극대화한다.

〈블레어 위치 프로젝트〉는 〈조스〉처럼 원시적 공포를 활용한다. 다만 이번엔 바다가 아니라 울창한 숲속이다. 숲속의 어두운 장막 너머에서 보이지 않는 것들이 우리를 노리고 영화는 모든 수단을 동원해 공포를 자극한다. 그와 함께 정체를 알 수 없는 나쁜 음질의 소음, 빈약한 빛, 흔들리는 흐릿한 영상들은 뭔가 이 내용이 진짜라는 것을 암시한다.

이 형식은 '파운드 푸티지Found Footage(발견한 영상)' 기법의 트레이드 마크 중 하나다. 파운드 푸티지란 실재 기록이 담긴 영상을 누군가가 발견해 관객에게 보여주는 것으로 가장하는 페이크 다큐멘터리 장르의 일종이다. 실종되었거나 사망한 사람이 찍은 영상을 나중에 발견했다고 가짜로 주장하는 식이다. 그 효과를 내기 위해 배우들이 직접 카메라를 들고 촬영을 한다.

그 대표적인 것이 폐소공포를 다룬 2014년 작 〈카타콤: 금지된 구역〉이다. 이 영화에서 고고학자들은 엄청나게 긴 파리의 카타콤에 들어가 무서운 비밀과 마주친다. 영화는 실제로 카타콤에서 촬영했다. 전등이 달린 헬멧을 쓴 배우들은 핸드 카메라를 들고 좁은 갱과 굴을 기어 다니며 숨 막힐 듯 리얼한 분위기를 자아냈다.

영화가 밀도 높은 공포 분위기를 조성할 경우 제아무리 무심한 관객도 마냥 무심하기가 힘들다. 영화평론가 카차 니코데무스는 직업상 엄청나게 많은 영화를 보았으니 웬만하면 가짜 공포에 걸려들지 않을 것이라고 생각할지도 모른다. 하지만 그녀는 그렇지 않다고 솔직히 고백했다. 한번은 〈블레어 위치 프로젝트〉를 보고 난 뒤 자신의 외딴 별장에서 밤에 벽난로에 넣을 장작이 떨어졌는데 무서워서 밖에 나가지 못했다고 한다. 그래서 그녀는 사람들이 공포가 기다리는 어두운 극장으로 스스로 들어가는 것이 놀랍지 않다고 말한다.

"위대한 공포영화에는 우리 안에 숨은 원초적 공포가 응축되어 있지요. 그 공포를 느끼는 것이 쾌감을 선사합니다."

그 차원에서 본다면 현대 영화와 고대 비극은 통하는 점이 많다. 고대 비극의 기능은 영혼을 흥분 상태에서 해방시키는

데 있었다. 아리스토텔레스는 이것을 '카타르시스'라고 불렀다. 현대 심리학 역시 카타르시스를 정화의 힘으로 본다. 이는 갈등과 내적 긴장을 겪은 뒤 정서적 안정을 찾아 그것으로부터 해방되는 것이다. 니코데무스는 말한다.

"정말 훌륭한 극장 스트레스는 대부분 카타르시스 작용을 합니다."

∘∘∘ 교묘한 자극

관객이 만족을 얻을 때까지 그들을 최대한 괴롭히려는 감독들의 욕망이 얼마나 강렬한지는 스티븐 스필버그의 고백이 잘 알려준다. 그는 자신에게 레버가 있었으면 좋겠다고 말했다. 그것을 자기 손으로 돌려 관객의 몸에 직접 전류를 전해주고 싶어서다. 그 소망을 이룰 수 없기에 그는 좀 더 교묘한 방법으로 관객의 신경줄을 자극할 필요를 느꼈다. 그 결과물이 〈대결〉 같은 걸작이다. 그 줄거리는 매우 단순해 딱 한 문장으로 요약할 수 있을 정도다.

'고속도로에서 트럭이 하루 종일 자동차를 뒤쫓는다.'

그런데 바로 그 단순함 때문에 〈대결〉은 공포를 찬양하는 매우 아름다운 찬가 중 한 편으로 남았다.

때론 순수하게 영화의 형식이 스트레스를 유발한다. 극단적 경험을 실시간으로 전하는 영화 〈빅토리아〉는 단 한 번의 편집도 하지 않았다. 독일 감독 제바스티안 시퍼Sebastian Schipper가 2015년에 선보인 이 영화는 상영 시간 140분을 한 번에 찍은 원테이크 기법이다. 사실 많은 감독이 이 기법에 도전하고 있다. 히치콕도 총 10회의 컷만으로 그의 유명한 영화 〈로프〉를 완성했다. 그중 5회는 워낙 교묘해서 관객이 커트 사실을 눈치 채기도 힘들다. 그러니까 이 영화는 단 열한 개의 샷만으로 짜깁기해서 만든 작품이다.

그보다 더 심한 〈빅토리아〉는 단 한 샷으로 이루어졌지만 그래도 액션영화, 도시의 초상, 애정영화, 스릴러, 로드무비, 환경 연구를 합친 작품이다. 제작 방식을 알거나 영화를 보다가 알아차린 관객은 훨씬 더 큰 긴장감을 맛볼 수 있다. 계속해서 젊은 이 무리와 함께 가는 카메라는 관객을 사건과 인물의 코앞으로 데려가는 한편 사건 속으로 끌어들인다. 약 2시간 동안 관객은 무엇에 홀린 듯 은행 강도에 실패한 후 사이코스릴러로 변해가는 줄거리를 쫓아가며 촬영 작업의 진행 과정을 함께 지켜본다.

베를린 영화제에서 이 영화는 카메라 부문 은곰상을 수상했다. 카메라 감독 스투를라 브란트 그뢰블렌Sturla Brandth Grøvlen은 실제로 총 140분 동안 한 번도 카메라를 손에서 놓지 않았다.

신체적으로 엄청난 스트레스였을 텐데도 말이다.

　마지막으로 〈하늘을 걷는 남자 The Walk〉도 짚어보고 싶다. 2015년 가을에 나온 이 영화는 1974년 세계무역센터의 쌍둥이 빌딩을 줄타기로 건넌 프랑스 아티스트 필리페 페팃 Philippe Petit의 이야기다. 이 3D 스펙터클 작품은 고소공포증을 아는 사람이면 누구에게나 강렬한 희열을 안겨준다. 앞서 말했듯 내게는 고소공포증이 있는데 영화를 보면서 내 코르티솔 수치는 천장을 뚫고 올라갔다.

　이 영화는 몇 가지 현실적인 요소를 더해 스트레스 지수를 높인다. 나 역시 영화를 보면서 나도 모르게 세 가지 상황을 떠올렸다. 첫째, 손에 땀을 쥐게 하는 줄타기 곡예는 실제로 있었던 일이라는 사실이다. 필리페 페팃은 412미터 공중에서 아무런 안전장치 없이 줄을 탔고 언제라도 떨어져 죽을 수 있었다. 둘째, 9.11 사건이 생각났다. 셋째, 내가 곡예의 날과 9.11 테러가 벌어진 날 사이에 높은 곳을 두 번이나 올라가 아래를 내려다본 일이 떠올랐다. 이 모든 기억은 스트레스를 유발했다. 심지어 이 이야기를 쓰고 있는 지금도 스트레스가 불끈 치솟는다.

3

괴롭히는 예술

전위예술가 볼프강 플라츠Wolfgang Flatz의 작품은 관객을 단박에 압도한다. 1919년 1월 그는 조지아의 수도 트빌리시의 오래된 시너고그에서 벌거벗은 채 종처럼 거꾸로 매달려 금속판을 향해 몸을 던졌다. 두 번, 세 번 강철에 부딪친 그는 의식을 잃었지만 그 작품(플라츠는 그의 자학적 퍼포먼스를 이렇게 불렀다)은 아직 끝나지 않았다. 고통스러운 시간은 5분이나 더 이어졌고 그는 얼굴, 뒷머리, 어깨 등으로 100번 이상 금속판에 부딪쳤다. 피가 시너고그의 바닥으로 강물처럼 흘러내렸다. 축 늘어진 채 매달린 그의 몸 앞에서 한 쌍의 남녀가 경쾌한 왈츠 음악에 맞춰 춤을 추었다. 그것이 작품의 피날레였다.

그답게 플라츠는 이 종놀이로 러시아 정교의 신년을 열었다. 행위예술가 플라츠는 스스로를 다트 화살의 과녁으로 삼은 적도 있다. 한번은 수갑을 차고 벌거벗은 채 방에 들어가 한 구석에서 다른 구석으로 행진했다. 매번 방향을 바꾸기 전에 큰 소리로 "유죄" 아니면 "무죄"라고 외치며 머리를 벽에 찧었다. 관타나모를 주제로 2010년 인스부르크에서 공연한 이 작품은 지켜보는 관객을 괴롭혔다. 특히 여성 관객은 견디다 못해 중간에 끼어들었다.[86] 절망에 빠진 그들은 울먹이며 강철 벽으로 달려가 피투성이가 된 플라츠가 더 이상 머리를 찧지 못하게 막았다. 그런 읍소에도 그는 아랑곳하지 않고 마지막 관객마저 방을 떠나자 겨우 멈추었다. 2시간 30분만이자 1,000번 이상 머리를 찧은 후였다.

◌◌◌ 가장 아름다운 형태의 스트레스

울름 대학병원 정신과 의사 만프레트 슈피처는 말한다. "누군가가 고통을 받으면 관객의 두뇌 통증 센터도 반응을 한다."

오스트리아의 전위예술가 플라츠가 작품으로 그 자리에 참석한 관객에게 급성 스트레스를 일으키는 이유는 두뇌 중앙센터의 이러한 메커니즘 때문이다. 고통을 막을 방도가 없는 관객의 뇌는 통제력을 잃고 스트레스 호르몬을 마구 분비한다. 그 결과 심장이 빨리 뛰고 뇌는 도망이나 공격을 향해 스위치를 돌린다. 관객의 기분을 좌우하는 것은 예술의 목적 중 하나지만 아무런 방도도 없이 관객의 마음을 크게 불안에 빠뜨리는 경우는 많지 않다.

문화적 결실을 접하는 관객은 개개인에 따라 다른 반응을 보이는데 여기에는 시대정신과 환경도 영향을 미친다. 이때 어느 정도의 영향을 스트레스 반응이라 부를지는 불명확하다. 토스카나의 휴양지에서 탄생한 풍경화나 알베르트 안케Albert Anker 같은 화가의 전원적 농민화는 잔잔한 감동을 주긴 해도 영혼 깊은 곳을 헤집을 만큼 큰 소용돌이를 일으키지는 않는다. 반면 니키 드 생 팔Niki de Saint Phalle의 기괴한 작품은 환상을 자극하고 혈압을 올린다. A. R. 펭크Penck의 그라피티(건축물이나 전철, 교각 등에 낙서처럼 긁거나 스프레이 페인트 등으로 그린 그림)는 보는 이의 마음을 어지럽히고 공격성을 일깨운다. 요제프 보이스Joseph Beuys가 펠트와 기름덩어리를 만지작거릴 때면 많은 사람이 역겨워서 고개를 돌린다.

거꾸로 예술은 때로 굉장한 아름다움으로 관객의 마음을 뒤흔든다. 드레스덴 국립 미술관을 찾은 사람들은 옛 거장의 작품 앞에서 울고 있는 사람들을 자주 만난다. 가령 그들은 라파엘로의 〈시스티나의 성모〉 앞에 서서 이탈리아 르네상스의 거장이 500년 전에 창조한 위대한 작품을 직접 만난 감격에 어찌할 바를 모른다.

내 친구 하나는 르네상스의 전통에 따라 그림을 그리는 화가인데, 알브레히트 뒤러의 전시회에 갈 때마다 이성을 잃고 원작의 넘치는 힘에 감정이 격해져 펑펑 눈물을 쏟는다. 그에게 전염되어 결국 나도 눈물을 쏟을 때면 나는 이것이야말로 가장 아름다운 형태의 스트레스라는 생각을 한다.

미국의 설치미술가 제임스 터렐James Turrell은 오직 빛만으로 관객을 자극한다. 그는 초록색, 파란색, 상아색의 색체 공간을 만들어 그 안에 기하학적 형태를 이리저리 배치하는데 그 공간에 들어간 관객은 너무 강한 시각적 자극에 마음이 들뜬다. 빛의 밝기와 색에 따라 전혀 다른 분위기를 연출하는 그의 작품은 폭력이나 속력 없이도 섬세한 형태의 스트레스와 도취를 불러올 수 있다는 사실을 입증한다.

⌒⌒⌒ 모네를 이긴 예술가

독일 프리드리히스하펜의 체펠린 대학교 문화학자 마르틴 트뢴들레Martin Troendle는 어떤 예술이 일으키는 감정을 경험적으로 연구할 수 있는지 궁금해 했다.[87] 결국 5년에 걸쳐 스위스 국립과학원의 장기 프로젝트를 주도한 그는 심리학자, 사회학자, 프로그래머 들과 함께 미술관의 작품이 관객에게 미치는 영향을 과학적으로 분석했다.[88] '이모션 매핑 뮤지엄 익스피어리언스eMotion-mapping museum experience'라는 이 프로젝트를 위해 트뢴들레는 장크트갈렌 미술관의 일부를 거대한 실험실로 꾸몄다. 우선 지난 150년 동안 제작된 작품 70점을 그곳에 전시한 트뢴들레는 373명의 관람객에게 측정 장치가 달린 장갑을 끼웠다. 이 미니 거짓말 탐지기는 각 관람객의 위치와 심장박동을 기록하고 피부 전도율을 측정했으며 관람객이 클로드 모네의 〈콘타리니 궁전〉, 페르디난트 호들러의 〈선의 웅장함Line Magnificence II〉, 앤디 워홀의 〈캠벨 수프 통조림〉 앞에 서 있는 시간을 쟀다.

그 결과 총 1,413회의 예술 관람 자료 데이터를 얻었다. 장기 연구의 첫 통계 결과를 보면 평균적인 관객은 평균적인 작품 앞에 11초 동안 서 있었다. 이는 작품당 세 번 호흡을 할 시간이다.

진짜 놀라운 결과는 그것이 아니었다. 모네의 〈콘타리니 궁전〉을 관람한 많은 관객이 그림에 큰 감동을 받은 표정을 지었다. 관람 직후 실시한 설문조사에서도 그들은 작품의 미적 우수성에 높은 점수를 주었다. 그러나 막상 그 그림 앞에 서 있던 몇 초 동안 그들의 장갑은 오히려 따분하다는 신호를 전달했다. 그림이 마음에 들기는 했지만 진짜로 감동을 받지는 않은 것이다.

관람객의 흥분 수치를 하늘 높은 줄 모르고 끌어올린 작품은 따로 있었다. 귄터 위커Guenter Uecker의 1974년 작 〈반反그림, 공간 구조, 공격적 시퀀스Antipicture, spatial structure, aggressive sequence〉가 그 주인공이다. 촘촘히 박힌 못을 목격한 관람객은 성별과 연령에 관계없이 모두가 확실한 스트레스 반응을 보였다.

그렇다고 그들이 치미는 스트레스 때문에 작품을 피해 도망친 것은 아니다. 오히려 그 반대였다. 정면을 피해 모서리에서 감상하거나 빙 둘러가기는 했지만 이 작품 앞에서 머문 시간은 평균 34.5초로 다른 작품보다 훨씬 더 길었다.[89] 관객은 아름답지만 따분한 모네의 그림보다 매력과 동시에 거부감을 주는 이 작품에 더 큰 관심을 보인 것이다. 예술 전문가만 그런 게 아니다. 화가의 이름을 한 번도 들어본 적 없는 사람들도 예상 외로 긴 시간 동안 작품 앞에 머물렀다.

이처럼 트뢴들레의 실험은 예술이 지성에만 호소하는 작업이 아니라, 뇌의 정서적 부위에 자리한 신경을 자극해 놀라운 신체 경험을 안겨준다는 사실을 입증했다. 예술은 교양 시민의 여가 선용을 더 맛깔나게 만드는 양념과 같다.

○○○ 고문을 견뎌낸 사람들

마리나 아브라모비치Marina Abramovic도 볼프강 플라츠처럼 극단적인 행위예술로 양분된 반응을 일으키는 예술가다. 그녀는 손가락에 칼을 박거나 신체를 노출한 후 관람객에게 가위, 외과용 메스, 장미가시를 주며 몸을 마음대로 하라고 요구하기도 했다.[90] 지금은 그런 신체 폭력과는 작별했으나 문화적 스트레스 유발 행위는 여전히 고수하고 있다.

2010년 그녀는 〈예술가가 여기 있다The Artist is Present〉라는 퍼포먼스를 선보였다. 그녀는 뉴욕 현대 미술관이 마련한 탁자 앞에 하루 종일 앉아서 한마디도 하지 않았다. 721시간 동안 1,565명의 관람객이 그녀의 맞은편 빈 의자에 앉아 그녀의 검은 눈동자를 마주보았다. 그들은 그 순간의 경험을 당황, 불안, 스트레스로 평가했다. 절망에 찬 표정으로 울음을 터트린 사람도 적지 않았다.

맨해튼 심장부에 있는 세계에서 가장 유명한 미술관에서 벌인 행사라는 사실 하나만으로도 관객이 받는 심리적 압박감은 처음부터 매우 컸다. 그런데 행사의 주인공마저 마리나 아브라모비치라는 유명 예술가였다. 갑자기 유명인이 온 관심을 자신에게 쏟아 붓고 옆에서는 수백 명의 다른 관람객이 지켜보는 데다 방송사의 카메라팀까지 가세했으니 빈 의자에 앉은 누군들 냉정할 수 있겠는가. 그렇지만 사람들은 자발적으로 다가와 의자에 앉았고 그 고문을 견뎌냈다.

플라츠의 행위예술에 관심을 보이며 자발적으로 참여하는 사람들의 심정은 더 이해하기가 힘들다. 그의 작품은 피와 폭력이 난무하기 때문에 지켜보는 것만으로도 혐오감과 거부감이 일어난다. 어쩌면 지그문트 프로이트의 심층 심리학이 그 매력을 설명할 수 있을지도 모르겠다. 프로이트의 주장대로라면 혐오를 유발하는 대상은 종종 쾌감을 일으키는 성질을 동반한다.[91] 두뇌 연구도 한 가지 설명을 더 보탠다. 체내 화학물질이 불러오는 환희와 열정은 스트레스 반응의 피날레를 장식하는 전형적인 감정이다. 그런 까닭에 예술 애호가들은 고통마저 견뎌내며 예술을 사랑한다.

우리는 보통 미술관이나 화랑같이 정해진 장소에서 예술을 만난다. 하지만 플라츠나 아브라모비치는 현실 요소를 예술에 집어넣어 효과를 더 극대화한다. 플라츠는 진짜 피를 흘리고 아브라모비치는 직접 작품 속으로 들어간다. 덕분에 그들의 작품을 보는 이들은 더 큰 신뢰감을 보낸다.

체내 화학물질이 불러오는 환희와 열정은
스트레스 반응의 피날레를 장식하는
전형적인 감정이다.

그렇다고 리얼리티가 필요충분조건이라는 얘기는 아니다. 추리소설의 경우 모든 독자가 작가의 머리에서 나온 상상의 플롯임을 잘 알지만, 그것은 우리를 흥분의 도가니로 몰고 간다. 즉, 피를 철철 흘리는 플라츠처럼 정말로 혐오감을 주는 대상을 목격할 때뿐 아니라 그 상황에 대한 구체적인 묘사를 읽거나 들어도 흥분감을 느낀다.

○○○ 재현이 주는 쾌감

아리스토텔레스는 《시학》에서 "우리에게 거부감만 주는 대상"은 꼭 오리지널이 아니어도 공포와 쾌감을 일으킨다고 주장했다. 그러니까 "재현"이어도 상관없다.

"아주 보기 흉한 동물이나 시체의 형체처럼 실물을 볼 때 불쾌감만 주는 대상도, 그것을 지극히 정확하게 그려놓으면 보면서 쾌감을 느낀다."[92]

물론 21세기의 인간은 이러한 주장을 납득하기 어렵다. TV만 틀어도, 신문만 펼쳐도 비참한 재앙은 넘쳐난다. 우리는 이미 그런 참상에 무뎌진 것이 아닐까? 그렇지 않다. 내 말을 믿지 못하겠다면 피렌체로 한번 떠나보라. '아주 보기 흉한 동물이나 시체의 형체를 지극히 정확하게' 재현한 작품들을 전시한 그곳은 라 스페콜라 자연사 박물관이다.[93] 기자 신분 덕분에 나는 박물관이 쉬는 날 여유롭게 관람하는 특별한 혜택을 누렸다. 남보다 더 오랜 시간 관람한 그날의 기억과 인상은 내 뇌리에 영원히 각인되었다.

전날 미리 컴퓨터로 인체 해부 사진과 비디오 자료를 살펴보며 해부한 장기 모습에 익숙해지려 노력했으나 박물관에 들어서니 곧바로 혈압이 치솟고 입술이 말랐으며 균형 감각이 깨지는 공포의 조짐이 나타났다. 내 눈앞에 있는 것은 영상이나 해부 그림, 공포영화에 등장하는 모형 시체와는 질적으로 달랐다. 그것은 진짜 몸이었다. 물론 나는 그것이 밀랍으로 만든 모형이라는 사실을 알고 있었다. 내 눈앞에 펼쳐진 상처는 예술가의 손을 거쳐 완성한 가짜였지만 내 두뇌의 정서 부위는 그 정보를 전혀 신뢰하려 하지 않았다.

나는 해부학 강의로 단련된 적 없는 보통 사람의 불안한 걸음으로 그 큰 박물관을 혼자 관람했다. 방은 열 개였고 562개의 목재 진열장에는 1,400점의 전시품이 있었다. 나는 한 번 더 마음을 다독였다.

'전부 다 밀랍 인형이야.'

그런데도 라 스페콜라 박물관 관람은 이상한 나라를 여행하는 듯했다. 평소엔 볼 수 없는 인간의 피부 밑, 장기 안, 표피와 진피에 싸인 조직·뼈·연골·혹·섬유 그리고 피하조직 세포로의 여행이었다. 건강한 몸과 병든 몸, 각 사지, 잘린 머리와 간, 비장, 자궁, 떨어져 나온 허벅지가 실물과 한 치의 오차도 없는 모습으로 놓여 있었다. 잔가지처럼 뻗어 나간 정맥이 척골, 요골, 상박 뼈를 휘감거나 살 없는 발의 뼈를 휘두르다 발뒤꿈치의 남은 피부 아래로 사라졌다.

상상은 완벽했고 내 스트레스는 실재였다. 인간의 뇌는 선사시대부터 상처를 보는 순간 경보를 울려왔다. 내 간뇌가 통제력을 되찾으려 안간힘을 쓴 것도 놀랄 일은 아니다.

몇 분이 지나자 내 기분은 마치 롤러코스터를 타고 엄청난 속도로 공중제비를 돈 것 같았다. 긴장이 풀리면서 서서히 환희가 밀려왔다. 나는 그 혐오스러운 대상을 그처럼 좋은 여건에서 초집중하며 볼 수 있는 순간의 행복을 즐겼다. 전시품은 수량 면에서도 압도적이었다. 성기 하나만 봐도 한두 개가 아니었다. 세로로 잘린 페니스, 사정한 페니스, 가로로 잘린 페니스, 피를 공급하는 혈관까지 엄청난 양의 성기가 있었고 몇 달 된 태아가 있는 여러 자궁도 다양한 형태의 고환 옆에 나란히 자리 잡고 있었다.

그날 내가 피렌체의 박물관에서 본 것은 수많은 밀랍 덩어리였다. 그러나 내 뇌는 그것을 보면서 아리스토텔레스가 재현이 주는 쾌감이라고 말한 바로 그 반응을 일으켰다.

전직 카셀 미술협회 큐레이터인 베른하르트 발켄홀Bernhard Balkenhol은 사실화와 추상화를 가리지 않고 미술관을 찾는 관람객이 기대하는 것은 바로 "정서적 혹은 인지적 요구"라고 확신한다. 그러니까 관람객이 바라는 것은 '정서적 형태의 반응'이다. 그림이나 조각, 행위예술이 반드시 아름다워야 하는 것은 아니다. "보기 흉한 것"도 똑같은 목적을 달성할 수 있다.[94]

미국 가수 메릴린 맨슨Marilyn Manson은 격한 반응을 일으키려는 노력은 가수는 물론 모든 창작자의 의무라고 주장한다. 그는 〈슈피겔〉과의 인터뷰에서 이렇게 말했다.

"도발하지 않는 예술가는 잊힐 것이다. 강한 반응을 일으키지 못하는 예술은 가치가 없다."[95]

◦◦◦ 도발인가, 테러인가

신경계를 경보 준비 상태로 만드는 것은 새로운 트릭이 아니다. 네덜란드의 르네상스 화가 히에로니무스 보스Hieronymus Bosch의 그림은 신을 두려워하던 당시의 네덜란드인만큼 우리의 심경을 건드리지 못한다. 물론 죄지은 인간의 목을 자르고 찌르고 잘라 솥에 넣고 삶는 파충류처럼 생긴 지옥의 괴물을 보면

그림이나 조각, 행위예술이 반드시 아름다워야 하는 것은 아니다. "보기 흉한 것"도 똑같은 목적을 달성할 수 있다.

아직도 우리 두뇌의 정서적 부위 신경과 시냅스는 불안에 떤다. 스트레스에 따른 편도체의 신경 자극이 없었다면 보스는 유명해지지 않았을 테고 현대인에게까지 영향력 있는 화가로 추앙받지 못했을 것이다.

예술시장은 이미 헤아리기 힘들 정도로 넓다. 세계 최대 규모의 바젤 아트페어만 봐도 해마다 나흘에 걸쳐 4,000명의 예술가가 그림, 조각, 설치미술, 디지털 작품을 선보인다. 그러니 아름다운 것만 고집하다가는 누구의 관심도 끌지 못한 채 조용히 사라질 가능성이 크다. 주목을 받으려면 촉매가 필요하고 그 목적을 달성하는 데는 완벽한 스트레스 요인으로 도발하는 것이 최상의 방법이다.

독일의 요나단 메제Johathan Meese는 가끔 '예술의 독재'를 외치며 나치식 경례를 해서 여론의 관심을 끈다. 2014년 뮌헨 문학행사에서도 나치식 경례로 관중의 흥분을 자아낸 그는 뮌헨 검찰에 기소되어 재판을 받았다. '헌법에 위배되는 단체 표식을 사용했다'는 혐의였으나 그는 무죄판결을 받았다.

메제의 전술이 효과적이라는 사실은 두뇌 연구 결과가 입증한다. 전달 메시지가 내용과 결합할 경우 관객은 그 메시지를 단순히 인식하는 차원을 넘어 머릿속에 확실하게 저장한다. 반면 메시지가 정서에 와 닿지 않으면 관객은 작품에서 전혀 스트레스를 받지 않는다.

2000년 칠레에서 태어난 설치예술가 마르코 에바리스티 Marco Evaristti는 작품 〈헬레네〉로 관람객의 흥분을 유도하는 데 성공했다.[96] 에바리스티는 이 사회의 폭력적 성향을 환기하기 위해 열 개의 물리넥스 믹서기를 유리 안에 설치했다. 물과 금붕어가 한 마리씩 들어 있는 각각의 믹서기는 콘센트에 연결되어 버튼만 누르면 작동이 가능했다. 이처럼 에바리스티는 금붕어의 생살여탈권을 관객에게 주는 방법으로 관객을 압박했다. 실제로 두 사람이 폭력적 성향을 과시하며 기계의 버튼을 눌렀다.

코스타리카 예술가 기예르모 베르가스Guillermo Vergas의 퍼포먼스도 전시작품에 치명적 결과를 초래했다.[97] 2007년 그는 마나과 시의 한 화랑에 유기견을 끌고 와 사슬에 묶어둔 채 굶겨 죽였다. 이 퍼포먼스로 그는 인간의 위선을 비판했다.

"내가 개를 예술품으로 만들어 벽 앞에 묶어두면 갑자기 집중적인 관심을 받는다. 반면 그 개가 거리에서 굶어죽을 때는 아무도 관심을 보이지 않는다."[98]

이처럼 죽음을 연출할 경우 사람들이 얼마나 정서적으로 반응하는지는 예술가를 향한 반대 여론에서 여실히 확인할 수 있다. 그가 또 다른 퍼포먼스를 계획하자 반대하는 진정서에 무려 4만 1,500명이 서명했다.[99]

때론 아주 간단한 아이디어만으로도 익숙하던 광경을 낯설게 바꿔 정서적 반응과 관심을 이끌어낼 수 있다. '할HAL'이라는 예명을 쓰는 일본의 광고사진작가 가와구치 하루히코는 2009년 사랑을 나누는 한 쌍의 커플을 진공청소기를 이용해 랩으로 진공 포장했다. 이 작품은 보는 이의 마음을 불편하게 한다. 진공 포장된 사람들이 얼마나 생명 적대적인 환경에서 포장되었는지 확연히 드러나기 때문이다. 또 벌거벗은 채 번쩍이는 랩에 둘둘 말린 모습은 대형 마트의 냉장고에 있는 고기를 떠올리게 한다.

그럼에도 불구하고 그 사진들이 아름답게 느껴지는 이유는 가와구치의 초상화가 독창적인 데다 옷을 입고 포장된 사람들은 닭고기보다 장난감처럼 보여 무거운 느낌을 없애주기 때문이다.

○○○ 가장 혹독한 퍼포먼스

볼프강 플라츠의 예술은 인간이 작품에 얼마나 주관적으로 반응하는지 가장 극명하게 보여준다. 그의 퍼포먼스는 많은 사람이 절대 예술이라고 부르지 않을 형식을 취한다. 가령 그는 헬리콥터를 이용해 40미터 상공에서 죽은 소를 던진다. 육체의 실존을 깨닫기 위해서라며 2001년 베를린에서 연출한 이 퍼포먼스를 모두가 창조적 예술로 여기는 것은 아니다.

빈 행동주의의 대표인 플라츠는 여러 번 살해 협박도 받았다. 자기 집에서 키우는 황소만 한 개 그레이트 데인을 히틀러라고 부른 것부터 많은 이의 증오심을 불러일으켰다. 정작 그는 이자르 강변을 느긋하게 거닐다가 날카로운 목소리로 자기 개를 부르면 지나던 행인이 깜짝 놀라 쳐다보는 순간을 흐뭇한 마음으로 즐겼다.

대체 어떤 인간이기에 그런 말도 안 되는 공연을 해대는 것일까? 궁금한 마음에 그 퍼포먼스 대가를 찾아간 사람들은 굉장히 친절한 한 남자와 교수님이라 불리는 민첩한 보스턴 테리어 한 마리를 만난다. 그의 아틀리에 '헤븐 7'은 베를린의 한 사무실 건물 7층에 있다. 넓은 옥상 테라스가 딸린 380평방미터(약 114평)의 그 공간에는 조각 공원도 있다. (엘비스 프레슬리가 타던 모델의) 녹슨 캐딜락과 (풍력발전소로 바꿔버린) 군용 헬리콥터는 정자로 사용한다. 하지만 그사이 폭풍으로 헬리콥터가 망가지는 바람에 전등과 냉장고를 돌릴 전기는 생산하지 못한다.

옥상 아래의 아틀리에에는 친구들의 말마따나 '가장 혹독한 퍼포먼스'를 마친 후의 사진이 걸려 있다. 그 사진에서 만신창이가 된 그는 온몸이 피투성이였다. 사건이 일어난 2012년 플라츠는 의도한 퍼포먼스는 아니었으나 덕분에 극도의 스트레스가 어떤 의미일 수 있는지 몸소 경험했다. 그 계기는 신호등이 빨간색으로 바뀐 지 한참 지났는데도 액셀러레이터를 밟은 운전자에게 있었다. 플라츠는 녹색 불을 보고 횡단보도를 건너던 중이었다. 그는 달려오는 차에 부딪혀 22미터 상공으로 튀어 올랐다. 그 탓에 4년이 지난 지금도 그는 여전히 약간씩 다리를 절고 운동은 아예 하지 못한다. 그는 몸이 튀어 올랐다가 떨어진 기억은 나지 않지만 의식이 있었다는 것은 기억한다. 찢긴 엉덩이 동맥에서 피가 솟구쳤고 그걸 보는 순간 '이러다 죽을 수도 있겠구나' 하는 생각이 들었다. 문득 아이를 떠올린 그는 "사력을 다해 살기 위해 애썼다."

충돌 직후 곧바로 응급처치를 하지 않았다면 플라츠는 이미 이 세상 사람이 아닐 것이다. 그는 어깨, 골반, 허리, 광대, 허벅지, 무릎, 종아리 등 무려 서른세 군데의 뼈가 골절되었고 7개월 동안 열 번의 수술을 받았다. 그에 따르면 "오른쪽 전체가 부서졌고" 쇄골은 지금도 완전히 붙지 않아 피부 밑에서 덜렁거린다고 했다.

사고 후 신체 스트레스가 어찌나 극심했던지 3주가 지난 다음에야 겨우 수술을 시작할 수 있었다. 수술할 때는 전신마취를 했어도 마취과 의사가 '스트레스 해소'라고 해석한 이상 반응들을 보였다. 그는 비명을 질렀고 완전한 문장으로 지시했으며 질문을 던졌다.

그렇지만 그는 예술가답게 병원에서도 자신의 수난을 예술로 승화했다. 그가 휠체어에 핏빛 띠를 붙이고 핏빛 스프레이를 뿌린 그 작품에서는 등받이를 타고 붉은색이 흘러내렸다. 아틀리에 중앙에 떡하니 자리 잡은 그 추억의 작품은 보는 이의 마음을 어지럽히고 불안을 조장한다.

그는 교통사고 스트레스는 겪지 않는 게 좋지만, 그런 일을 제외하면 스트레스야말로 결단을 부추기는 적합한 방법이라고 생각한다. '심리적 상호행동' 원칙에 따라 스트레스를 유발하는 그는 "대상과 대면할 때 스트레스를 유발하고 결정을 강요하기 위해 집단에게 자극을 준다." 그때 그 자리에 있는 사람들은 어쩔 수 없이 결정해야 한다.

"달리 어찌할 도리가 없다. 내 작품에 어떤 태도를 취할지 고민해야 한다."

이러한 성찰이 그의 직업의 긍정적 가치다. 현대인은 늘 스트레스에 시달리지만 오히려 극단적 스트레스는 거의 사라졌다. 그럼에도 불구하고 사람들은 늘 스트레스가 심하다고 불평을 늘어놓는다. 그는 직장에서 받는 압박이 심하다고 하소연하는 사람들을 보면 그 모든 것이 그저 "자본주의의 복지 문제"라는 생각이 든다고 했다. 가령 난민들처럼 진짜 스트레스를 겪는 이들을 생각하면 번아웃이라고 투덜대는 잘사는 나라의 국민은 배부른 투정이라는 얘기다.

"난민은 생존이 달린 문제지만 우린 아니거든요."

몸에서 혈압이 치솟을 때 그는 작품을 준비한다. 물론 내면에서 '자신 있어? 할 수 있어?'라는 물음이 올라오면 그는 엄청난 부담감을 느낀다. 하지만 정작 퍼포먼스를 하는 동안에는 마음이 편하다. 그에게 행위예술은 "구원이자 만족이며 오르가슴이다."

플라츠의 스트레스 예술에서는 대개 자기 몸을 사용하지만, 같은 오스트리아 출신의 행위예술가 헤르만 니치Hermann Nitsch의 작품에는 피로 적시고 내장으로 장식한 동물의 사체와 모델이 등장한다. 종교적 동기를 담아 십자가를 연상하게 하는 그의 퍼포먼스는 '난잡한 신비극'이라는 이름으로 오랜 시간 집단 스트레스와 구역질, 혐오를 유발했다.

그러나 니치 스타일의 학살극은 이미 한물갔다는 인상을 풍긴다. 요즘은 보다 동시대적 현상에 접근하는 연출이 필요한데, 네덜란드 쌍둥이 자매 리스베트Liesbeth와 안젤리크 레이븐 Angelique Raeven이 여기에 성공한 대표적인 예술가다. 그들은 자신들의 거식증과 극단적 공생 관계를 재료로 삼아 설치 작품을 만들고 퍼포먼스를 한다. 늘 함께 사는 그들은 이렇게 주장한다.

"우린 떨어지면 죽고 말 것이다."

몸무게가 29킬로그램에 불과한 안젤리크와 34킬로그램인 리스베트는 2007년 취리히의 한 화랑에서 관객이 지켜보는 가운데 병원 침대에 반라로 누워 거의 곤충 같은 동작으로 서로 밀착했다. 취리히 TV는 두 거식증 환자의 작품을 소개하며 이렇게 평했다.

"이들은 질병과 신경쇠약을 예술로 만든다."[100]

그들은 아름다움에 집착하고 패션이나 미디어의 독재를 비판하는 자신들의 방식을 '미학적 테러리즘'이라 부른다. 그러나 비평가들은 '프릭쇼(기형쇼)'[101]라며 비난한다.

크리스티앙 볼탕스키Christian Boltanski의 예술은 훨씬 더 조용하다. 현대 스트레스 예술가 중 가장 섬세한 볼탕스키는 지난 몇 십 년 동안 중고의류를 작품 소재로 사용했다. 너무 심심하지 않느냐고? 그렇게 생각할 수도 있지만 우크라이나 유대인의 아들인 그는 그 옷으로 가슴이 미어지는 분위기를 자아낸다. 바닥에 펼쳐놓거나 나란히 걸어놓거나 산더미처럼 쌓은 낡은 옷을 보는 순간 우리는 어쩔 수 없이 인류의 가장 암울한 사건을 떠올린다. 그 사건은 바로 홀로코스트다.

행위예술가 플라츠도 요즘엔 피를 많이 흘리지 않는다.

온몸의 뼈가 부러지는 사고를 당한 이후 그는 성한 곳 하나 없는 몸에 예전처럼 심한 부담을 주지 못한다. 아무리 그래도 도발은 가능하다. 2015년 그는 뮌헨 미술 아카데미에서 장애인 발레를 선보였다. 중증장애인 한 사람이 휠체어에 탄 그의 주변을 빙빙 돌고, 그도 안에서 반대 방향으로 빙빙 돌면서 둘이 번갈아가며 외쳤다.

"이건 실제야! 이건 예술이야!"

약간 스캔들을 일으킬 소지는 있어도 중간에 끼어들어 공연을 막는 사람은 없다. 공연이 끝나면 관객은 얌전하게 박수를 친다.

4

빠른 비트

어린 시절 베레나는 해가 지면 이층 자기 방에서 엄마, 아빠가 있는 아래층의 거실로 내려가지 못했다. 베레나가 무서워한 것은 어둠도, 사람도, 번개도 아니었다. 그녀의 신체에 공포 스트레스를 일으킨 주범은 바로 음악이었다. 그녀의 부모는 말러, 바르토크, 쇤베르크, 베토벤의 음악을 집 안이 떠나갈 듯 크게 틀어놓고 감상했다.

"어린 시절 나는 심포니가 너무 무서웠다."

당시만 해도 그녀는 음악을 이해하지 못했다. 어른이 되어서야 부모님이 왜 그토록 클래식 음악을 좋아했는지 이해할 수 있었다.

어린아이만 그런 것은 아니다. 어른들도 음악 때문에 스트레스를 받는다. 알반 베르크Alban Berg(쇤베르크의 제자)의 음악도 많은 사람에게 스트레스를 유발한다. 나도 청소년 시절 취리히에서 그의 오페라 〈보체크〉를 관람했는데, 엄격한 형식의 극단적 12음 기법이 당시에는 괴로우면서도 매력적이었다. 빈의 작곡가 알반 베르크가 1920년대 중반에 만든 작품이 당시 내가 즐겨 듣던 하드록, 펑크의 거친 음과 비슷한 흥분을 불러일으킨 것이다.

﹍﹍﹍ 특별한 힘을 선사하는 노래

취리히 오페라 하우스의 책임 극작가 클라우스 슈판Claus Spahn은 모름지기 음악에는 양식을 불문하고 스트레스 요인이 있다고 말한다. 그의 관점에서 결정적인 것은 두 가지 요인으로 음량과 초집중이다. 인간은 예민하고 감정적인 동물이라 2시간이 걸려도 집중력을 잃지 않고 음악 공연을 감상한다. 연주회가 환희에서 깊은 슬픔과 광기에 이르기까지 격한 감정을 불러일으키는 이유가 여기에 있다.

따라서 잘만 활용하면 음악으로 무한한 에너지를 끌어낼 수 있다. 세계적인 독일 수영선수 파울 비더만Paul Biedermann은 귀

> 인간은 예민하고 감정적인 동물이라
> 2시간이 걸려도 집중력을 잃지 않고
> 음악 공연을 감상한다.

스트레스는 어떻게 삶을 이롭게 하는가

를 찢는 메탈 사운드의 도움을 받아 수백분의 일초를 다투는 경기에서 승리를 거머쥔다.

"메탈을 들으면 긍정적 의미에서 공격적으로 변해 한계에 도전하게 된다. 노래가 빠르고 거칠수록 결과가 더 좋다."[102]

메탈밴드 람슈타인의 〈불을 질러라〉는 그 점에서 그에게 특별한 힘을 선사하는 노래다.

"2009년 로마 세계선수권대회에서 물을 가르는 내내 내 머릿속에 〈불을 질러라〉가 맴돌았다."

그 경기에서 비더만은 금메달을 땄고 나아가 세계 신기록을 경신했다. 그렇지만 사람들은 대개 음악이라는 말을 들으면 먼저 휴식을 떠올린다. 실제로 음악을 들으며 몸과 마음의 긴장을 푸는 사람이 적지 않다. 한데 자장가 멜로디, 명상 음악, 돌고래 노래도 자꾸 듣다 보면 신경에 거슬릴 때가 있다. 그 이유는 부드러운 멜로디가 진정 효과 덕분에 아드레날린 분비를 막아주긴 해도 진짜 엔도르핀 물결을 불러오지는 못하기 때문이다. 진짜 재미와 휴식을 주려면 리듬을 이용해 긴장 해소와 반대로 긴장감을 불러일으켜야 한다.

그 점에서 펑크의 극단적 고속 버전인 스피드 펑크나 하드코어 펑크는 완벽한 스트레스를 유발한다. 헤비메탈도 마찬가지다. 테크노 음악의 비트는 심장박동보다 훨씬 더 빠르다. 여기에다 음량이 너무 높아 우리의 뇌는 금방 이성을 잃고 몸에 경보 신호를 보낸다. 그러나 연이어 찾아오는 칠 아웃Chill Out은 사우나에서 열기 스트레스를 받은 후의 휴식처럼 최고의 긴장 완화 효과를 선사한다.

스위스에 사는 내 조카 파스칼은 나이가 서른인데도 해마다 여름이면 네덜란드에서 열리는 사흘간의 테크노 콘서트 '데프콘.1Defqon.1'에 참석한다. 비딩휘젠에서 열리는 이 행사는 세계 최대 규모의 하드스타일 페스티벌로, 워낙 인기가 좋아 5만 5,000석 티켓이 해마다 판매 개시 30분이면 동난다.

그곳에서는 엄청난 규모의 빛 쇼에 분당 132~180비트의 빠른 테크노 리듬이 관객에게로 쏟아진다. 여기에다 불꽃놀이와 몽환적인 색깔의 레이저 광선을 곁들인다. 조카는 그 순간이 마약 같다고 말한다.

"누군가가 나를 낚아채 0이던 속도를 순식간에 10으로 올리는 것 같아요."

물론 몇 시간에 걸친 빠른 비트만 신체의 장기적 예외 상태를 조장하는 것은 아니다. 위장을 망치로 두드리는 것 같은 깊은 베이스도 스트레스 요인이다. 파스칼은 그럴 때 차를 타고 벽을 들이받는 기분이라고 말한다. 이건 부정적 의미가 아니다. 음악은 인간이 바라는 스트레스 중 가장 아름다운 스트레스다. 페

음악은 인간이 바라는 스트레스 중 가장 아름다운 스트레스다.

스티벌이 끝나면 조카는 에너지를 완전히 소진하지만 동시에 긴장도 다 해소한 듯한 기분이라고 한다.

하지만 파스칼은 DJ가 비트를 분당 200으로 올리면 불쾌한 기분이 들고 환희의 여지가 전혀 없는 스트레스를 느낀다. 그가 좋아하는 비트는 50~160이다. 그 정도가 통제 가능한 스트레스이기 때문이다.

ꞈꞈꞈ 창의적 불안

귀를 찢는 소리와 너무 빠른 리듬이 스트레스 체험의 필요충분조건은 아니다. 즉흥 연주와 랩을 이용한 다양한 음악 장르로도 창의적 불안을 조장할 수 있다. 시카고 프리재즈 밴드의 이름은 스톰 & 스트레스이고 독일에서도 유명한 스위스 래퍼는 '스트레스'라는 이름으로 사람들의 이목을 끈다. 그들의 성공 비결은 리듬과 곡조가 기존의 것과 전혀 달라 관중을 혼란에 빠트린다는 데 있다. 전통과의 단절은 이미 알반 베르크와 다른 빈 학파의 작품에서도 눈에 띄는 점이다. 클래식 음악의 기반이 된 그들의 12음 기법은 오늘날 대중음악에 큰 영향을 주는 조성 시스템에 앞선 진보적 버전이었다.[103]

미국의 드론 메탈 밴드 Sunn O)))의 콘서트는 알반 베르크가 그 시대 사람들에게 준 충격 못지않게 큰 충격을 우리에게 던진다. 이 그룹은 드론 둠이라는 음악 스타일로 청중의 머릿속 스트레스 센터가 마구 불안에 떨게 만든다. 각 곡은 고통스러울 정도로 느린 리듬과 해체된 박자로 듣는 사람을 미치기 일보 직전까지 몰고 가는 기나긴 여행이다. 드론 둠 음악가들은 기타를 증폭기에 연결해 그렇지 않아도 단조로운 둥둥, 웅웅거리는 음을 극도의 음량으로 방출한다. 여기에다 노래와 타악기를 배제해 음들이 허공에 둥둥 떠다니는 것 같은 느낌을 자아낸다.

최근 Sunn O)))의 콘서트를 관람한 함부르크 음악가 슈테파니 레신은 실험적인 합창에 관심이 많아 불만 합창단 공연을 연출한 사람이다. 불만 합창단은 고단한 일상 경험을 노래에 담아 부르는 보통 사람들의 합창 모임이다. 어찌 보면 Sunn O)))의 공연은 그녀에게 일종의 한계체험이었다.

"그런 음향은 한 번도 경험해본 적이 없다. 실존적 공포가 느껴지면서 정말 도망가고 싶었다. 스트레스 지수가 얼마나 높던지 만약 다른 상황이었다면 달아났을 것이다."

하지만 그녀는 꾹 참고 그들을 믿어보기로 작정했다.

"처음에는 어찌할 바를 몰랐지만 다행히 사운드에 그들만의 매력이 있었다."

음의 진동을 온몸으로 느낀 그녀는 처음엔 정신이 하나

도 없었다. 그런데 시간이 흐르면서 불안은 서서히 마음의 평화로 바뀌었다. 고통의 한계치에 이를 정도로 시끄러운 음악소리에도 불구하고 말이다.

"뭔가 마음을 가라앉히는 것이 있었다. 음악이 숄처럼 나를 감쌌고 나는 비트에 몸을 담그고 목욕하는 기분이었다."

◦◦◦ 음악 고문

자발적으로 몸과 마음을 내준 사람만 그러한 음악을 긍정적 스트레스로 인식할 수 있다. 음악 역시 마음만 먹으면 얼마든지 악용될 수 있는 수단이기 때문이다. 대표적으로 관타나모에서 미국의 고문 기술자들은 극단적 리듬과 비트로 수형자들에게 엄청난 고통을 가했다. '일렉트로니카' 장르의 음악을 하는 캐나다 밴드 스키니 퍼피는 2014년 미국 대통령 버락 오바마에게 음원 사용료 청구서를 제출했다. 관타나모에서 적어도 4회에 걸쳐 그들의 음악을 고문 목적으로 이용했다는 사실을 알았기 때문이다. 스키니 퍼피의 멤버 케빈 키cEvin Key는 항의의 이유를 이렇게 밝혔다.

"우리가 불안을 조장하는 음악을 하므로 그 음악을 엉뚱한 방식으로 이용할 수는 있다. 그러나 우리는 원치 않는다."

미국은 1990년 1차 이라크 전쟁에서도 AC/DC와 메탈리카 음악을 적국을 괴롭히는 데 이용했다. 당시 한 장교는 그의 부대가 사막을 향해 스피커 소리를 높인 이유를 다음과 같이 설명했다.

"24시간 내내 그처럼 커다란 음악 소리를 듣고 있으면 뇌와 신체 기능이 멈추고 생각의 끈이 끊어지며 결국 의지가 무너진다."[104]

잡지 〈마더 존스〉에 따르면 데스 메탈 밴드 디어사이드의 〈Fuck Your God〉는 고문자들이 가장 애용하는 고문 도구라고 한다. 쿠바 관타나모의 미국 고문 전문가들은 또 한 가지 의외의 깨달음을 선사했다. 할아버지 로커 브루스 스프링스턴과 팝 아이콘 브리트니 스피어스, 꿀이 줄줄 흐르는 달콤한 닐 다이아몬드처럼 평소엔 아무 문제없을 것 같은 노래로도 사람을 괴롭혀 죽일 수 있다는 깨달음 말이다. 심지어 어린이 프로 〈세서미 스트리트〉의 타이틀곡도 마찬가지다. 아무리 경쾌하고 발랄한 아이들의 노래도 지옥의 크기로 무한 반복하면 죄수들을 미치게 만들 수 있다.[105]

잠을 못 잔 상태에서 커다란 음악 소리를 반복적으로 들으면 인간은 결국 트라우마를 겪는다. 이러한 고문은 며칠 동안 이어지고 여기에 더해 죄수의 얼굴에 디스코텍에서 사용하는 사이키 조명까지 발사한다. 관타나모에서 살아 돌아와 지금은 영국 버밍햄에서 사는 루할 아메드Ruhal Ahmed는 당시의 고문을 회상했다.

"도저히 집중할 수가 없어요. 이러다 내가 미치겠구나 하는 생각이 들죠."

그는 〈슈피겔〉과의 인터뷰에서 음악 고문을 당하면 방향 감각이 사라진다고 말했다.

"음악이 뇌를 점령하면 이성을 잃고 환각을 보기 시작해요. 미치기 일보 직전까지 내몰리죠." [106]

물론 고문 도구로 쓰인 음악들이 우리에게 아무런 기쁨도 주지 않는다는 말은 절대 아니다. 실은 아무리 좋은 곡도 며칠 동안 크게 틀어놓고 무한 반복해서 듣는 사람은 없지 않은가. 아무리 스키니 퍼피의 팬이라도 귀가 찢어질 듯 큰 소리로 며칠 동안 계속해서 스키니 퍼피만 듣지는 않는다. 음악도 일이나 약물처럼 과용하면 병이 든다.

우리가 소음으로 인식하는 음악은 차의 엔진 소리나 기계가 돌아가는 소리와 다를 것이 없다. 아무리 좋은 음악도 귀에 부담을 줄 정도로 크면 스트레스 요인으로 작용한다. 때론 소리의 크기와 상관없이 음원 그 자체가 괴로울 수도 있다. 예를 들면 이웃집 아이가 바이올린을 연습하는 소리나 사무실에서 옆 사람들이 수다를 떠는 소리는 아무리 작아도 귀에 거슬리게 마련이다.

4장

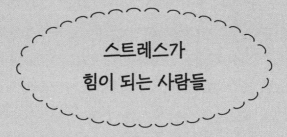

스트레스가
힘이 되는 사람들

1

신화와의 작별

우리 시대가 주장하는 신화는 이렇다.

"일이 많고 책임지는 위치에 있는 사람은 만성 스트레스에 시달리거나 질병의 위험이 높다."

주변에 끝없는 스케줄, 빠듯한 시간, 이것저것 신경 써야 할 일, 건강하지 못한 직장생활에 시달리는 사람이 하나쯤은 있을 것이다. 그렇다면 정말로 할 일이 더 많은 사람은 병에 걸릴 위험도 더 높을까? 통계 수치는 정반대의 얘기를 한다.

독일의 공공 의료보험조합 중 하나인 데아카DAK의 2014년 조사 결과를 보면 일반적인 생각과 달리 심각한 만

4장 스트레스가 힘이 되는 사람들

성 스트레스를 앓는 사람은 일이 많은 사람이 아니다. 만성 스트레스가 가장 심각한 사람은 아침 일찍 출근해 저녁 늦게 퇴근하는 사람이 아니라 할 일이 없는 사람, 하고 싶어도 일할 수 없는 사람이다. 다시 말해 실업자가 경영자보다 훨씬 더 스트레스를 많이 받는다. 일하는 사람 중에서는 교육을 많이 받은 전문직이 비전문직보다 스트레스가 낮았다.[107] 일의 양이 병을 주는 경우는 극히 드물다. 정말로 우리를 아프게 하는 것은 열악한 환경, 낮은 직급, 부족한 교육, 상사의 피드백 부재다.

◌◌◌ 일은 스트레스의 원인이 아니다

독일 연방심리치료협회에 따르면 일은 스트레스의 원인이 아니다. 이 협회가 의료보험공단이 제공한 유행병 관련 자료를 분석해보니 실업자는 직장이 있는 사람보다 3~4배 더 심리질환을 많이 앓았다. 그들이 내린 결론은 이것이다.

"일자리가 마음을 튼튼하게 만든다."[108]

독일의 사무직 근로자 건강보험 조사에서는 대학생들의 수치가 특히 눈에 띈다. 대학생들이 '평균 이상의 스트레스 수준'을 보인 것이다. 그런데 이들이 학자가 되어 직업이 생기면 상

> 정말로 우리를 아프게 하는 것은
> 열악한 환경, 낮은 직급, 부족한 교육,
> 상사의 피드백 부재다.

황이 매우 좋아져 일반 직장인보다 오히려 만성 스트레스 위험이 훨씬 덜했다. 남녀 성별에 따른 스트레스 분석 결과는 한부모 가정의 여성과 결혼한 무직 남성의 스트레스가 가장 심했다.

일반적으로 볼 때는 자기 일의 가치를 존중받지 못하는 사람의 스트레스가 높았다. 글로벌환경전략연구소IGES에 따르면 열 명 중 한 명꼴로 '만족 위기gratification crisis' [109]를 겪는다고 한다. 만족 위기란 뒤셀도르프 의료사회학자 요하네스 지그리스트Johannes Siegrist가 만든 개념으로, 자기가 이룬 성과를 적절히 인정받지 못하는 사람은 심리적으로 상처를 받는다는 의미다. 그 원인에는 낮은 임금, 불안한 일자리, 빈약한 승진 기회 등이 있다.

이것은 남을 돕는 직업군에 종사하는 사람들이 '일자리에 따른 심리적 탈진' 통계에서 항상 앞자리를 차지하는 이유를 설명하기도 한다. 이를테면 시간에 쫓기고 승진 기회가 적은 의사와 교사, 간병인, 사회복지사 등이 여기에 속한다.[110] 협력을 거부하는 사람과도 함께 일해야 하는 사람은 남보다 자주 '만족 위기'에 빠진다.

영국 학자들이 공공 서비스 분야에서 일하는 3만여 명을 대상으로 건강 상태를 조사했다. 이들은 모두 안정적인 일자리, 적절한 임금, 필요한 의료 서비스를 제공받았다. 그런데 직급이 6단계로 나뉘는 이 분야의 경우 낮은 직급에서 일하는 사람일수록 심장질환 수치가 높았다. 가장 낮은 직급은 가장 높은 직급보다 사망률이 무려 두 배나 높았다.[111] 직급이 낮으면 건강한 라이프 스타일에 신경 쓸 여력이 그만큼 없기 때문이다. 흡연자 비율도 가장 낮은 직급이 제일 높았다.

ᴗᴗᴗ 가장 해로운 종류의 사회적 스트레스

스트레스는 어떤 경우에 부정적 또는 긍정적으로 느껴질까? 인간도 전기충격 실험을 당하는 쥐들과 크게 다를 것이 없는 듯하다. 즉, 내 마음대로 할 수 있으면 부담도 쉽게 참아낸다. 2012년 미국 국립과학원회보PNAS에 실린 연구 결과를 보면 직급이 높은 사람은 부담이 크긴 해도 누릴 수 있는 자율권도 커서 건강에 유익하다. 이 연구 결과를 발표한 하버드 대학교 연구진은 군 장교와 정부 관료들을 연구 대상으로 삼았다.[112] 이들은 결정권이 없는 부하직원들에 비해 직업에 따른 부담감이 더 크고 수면 시간은 더 짧았지만, 코르티솔 수치가 더 낮았고 공포심도 덜했다. 특히 장교들의 경우 특이한 경향을 보였다. 부하가 많을수록, 자신의 통솔력을 더 많이 믿을수록 코르티솔 수치가 낮았고 번아웃 전문병원으로 실려 갈 확률도 낮았던 것이다.

호모사피엔스의 스트레스 문제는 스탠퍼드 대학교 로버

트 새폴스키가 개코원숭이들을 실험한 결과와 정확히 일치한다. 서열이 낮은 개코원숭이는 평화로운 상황에서도 코르티솔 수치가 눈에 띄게 높았다.[113] 이로 인해 혈압과 콜레스테롤 수치도 장기적으로 건강을 해칠 정도로 높은 수치를 보였다. 이 사실을 인간에게 대입하면 결론은 간단히 나온다.

"서구 사회에서 가장 해로운 종류의 사회적 스트레스는 낮은 사회경제적 지위, 즉 빈곤이다."[114]

지위가 낮은 원숭이들 중에서는 애정을 나눌 상대가 없을 경우 상황이 더 심각했다. 사회적으로 고립된 원숭이, 즉 '아무도 털을 골라주지 않는 원숭이'는 위기에 빠질 확률이 가장 높았다. 이런 왕따는 대부분 화가 나도 꾹 참아야 하고 무리의 결정에 아무런 영향력도 행사할 수 없다. 새폴스키의 말을 들어보자.

"힘들여 뿌리채소를 하나 파서 열심히 흙을 털었는데 우두머리가 와서 휙 빼앗아간다면? 당하는 부하들은 늘 혈중 스트레스 호르몬이 더 높기 때문에 병에 걸릴 위험이 가장 크다. 지위가 높아질수록 상태는 좋아진다."

그렇다고 우두머리가 항상 더 건강하다는 뜻은 아니다. 일반적으로 그런 경향이 있다는 얘기이며 사회적 지위보다 더 중요한 것은 인성이다.

"경쟁자가 눈에 띄는 곳에서 꾸벅꾸벅 조는 광경만 봐도 위협을 느끼는 대장 원숭이는 부하보다 더 위궤양에 걸릴 위험이 높다."[115]

따라서 만성 스트레스의 원인은 오직 사회적 지위뿐이라는 편협한 결론을 내려서는 안 된다. 자기 일에서 의미를 찾은 사람은 지위가 아무리 낮아도 맨 꼭대기에 앉아 힘들어하는 경영자보다 더 행복할 확률이 높다. 관건은 부담이 과도하지 않은지, 목표가 분명한지, 지속적으로 경쟁에 시달리는지, 따돌림을 당하는지 등에 있다. 직장 분위기든 작업환경이든 생활환경이든 모름지기 불만스러운 것은 만성 스트레스를 촉진하는 법이다.

⌒⌒⌒ 일이 없어서 병원에 실려 오는 사람들

자기가 하는 일에 만족하면 아무리 바쁘고 시간이 없어도 즐겁게 이겨낸다. 이 분야의 최고 전문가는 바트 브람스테트의 심신의학 클리닉 원장 게르노트 랑스Gernot Langs다. 그런데 매일 부담감에 짓눌린 피해자를 상대해야 하는 스트레스 전문가의 입에서 의외의 말이 튀어나왔다.

"나는 스트레스를 사랑해요. 스트레스 덕분에 즐겁고 행복하거든요."

직장 분위기든 작업환경이든 생활환경이든 모름지기 불만스러운 것은 만성 스트레스를 촉진하는 법이다.

그는 자신이 치료하는 환자들도 대부분 자기 일을 좋아한다고 했다. 또 그들은 일이 많다고 불평하지 않는단다. 그들을 괴롭히는 것은 일이 아니라 주변 상황이다. 최선을 다해 바쁘게 살아가는 랑스는 자신이 누리는 특혜를 솔직히 고백했다.

"출세의 사다리를 오를수록 자유가 늘어나지요."

이제 오를 사다리가 한 칸밖에 남지 않은 그는 덕분에 직접 계획을 세울 수 있어서 득이 많다고 했다. 그는 계획에 많은 에너지를 투자하는데 그러면 부담을 최소화할 수 있다. 비록 일정은 빡빡하지만 스스로 계획하기 때문에 일정이 충돌하는 경우는 없다. 그가 누리는 두 번째 특혜는 자신이 좋아하는 일을 한다는 점이다.

"바쁜 것보다 일이 없는 것이 더 불쾌한 스트레스죠. 나는 일이라는 먹이가 필요한 사람이에요."

이런 말로 미뤄볼 때 랑스는 심리적 스트레스 요인에 대항하는 저항력과 동기를 비롯해 위기를 극복할 지혜를 갖춘 사람이다. 그뿐 아니라 그는 세 번째 특혜도 누린다. 그것은 스트레스에 저항하는 능력을 극도로 높여주는 특혜, 즉 죽이 척척 맞는 인간관계다.

"우리 직원들이 든든하게 뒤를 받쳐줍니다."

그는 아무런 특혜도 누리지 못하고 힘든 환경에서 버티는 사람들을 볼 때마다 감탄을 아끼지 않는다. 특히 대형 마트의 계산대에서 일하는 여성들에게 무한한 존경심을 느낀다. 그들은 자기 일을 스스로 결정할 아무런 권한도 누리지 못한다. 여기에다 계산대에 오른 물건의 바코드를 찍는 동시에 계산해야 하고 한순간도 불친절해서는 안 된다.

환자들을 관찰한 그는 일정하면서도 반복적인 패턴을 발견했다.

"그들은 자발적으로 종속 상태로 들어갑니다. 돈을 빌려 집을 사고 해외여행을 꼭 가야 한다고 생각하지요. 또 비싼 외제 자동차를 원합니다."

랑스가 보기에 이러한 생활방식은 한마디로 파괴적이다.

"고전적인 번아웃은 외부의 도전과 내적 자세의 실패입니다."

그는 환자들에게 저항할 수 없을 때는 현실에 순응하라고 가르친다.

"많은 사람이 환경을 바꿔야 한다고 생각합니다. 하지만 그러지 못하지요."

그는 스트레스 전문가로서 아무것도 하지 못하는 사람들의 상황이 얼마나 나쁜지 알고 있다. 그들은 소위 '번아웃 증후군'에 시달린다. 일자리가 없어서 일을 못하는 사람은 물론 일터에서 하는 일 없이 앉아 있어야 하는 사람도 여기에 속한다. 흔히 말하듯 따분해 죽지는 않겠지만 그 따분함 때문에 병이 든 사람들이다. 특히 요즘 회사에서 자발적으로 사표를 쓰게 하려고 일부러 몇 달씩 일을 주지 않는 사례가 갈수록 늘고 있다. 이름만 들어도 누구나 알 만한 대기업도 서슴없이 그런 짓을 한다. 당장 잘라버리고 싶지만 법적인 문제를 피하기 위해 일을 주지 않는 방식으로 사람을 괴롭히는 것이다. 결국 그 상황을 참다가 병이 든 사람들이 게르노트 랑스의 병원으로 실려 온다.

⌒⌒⌒ 몰입이 가능한 이유

플렌스부르크의 4인조 민속음악 그룹 산티아노의 멤버들은 이런 운명과 무관한 불사신이다. 최근의 인터뷰에서 입을 모아 외쳤듯 그들은 모두 "스트레스는 짱"[116]이라고 생각한다. 독일 여성 작가 엘케 하이덴라이히Elke Heidenreich도 하루하루가 초스피드지만 번아웃과는 무관한 인생을 살고 있다.

"나는 일에 미쳤고 스트레스를 사랑해요."

독일 제2TV인 ZDF의 토크쇼 사회자 올리버 벨케Oliver Welker 역시 건강을 잘 챙기며 살지는 못해도 자신을 괴롭히는 것은 일이 아니라고 힘주어 말한다.

"매주 0에서 다시 시작하는 듯한 이 기분이 정말 좋습니다. 매주 처음부터 다시 퍼즐을 맞춰 금요일에 시청자에게 자랑하는 거죠. 보통 사람은 상상하기 힘들 정도로 행복 호르몬이 솟구친답니다."[117]

《나는 정신병원으로 출근한다》, 《미치거나 살아남거나》 같은 베스트셀러의 저자 마르틴 베를레Martin Wehrle는 일이 주는 스트레스를 은혜로 받아들인다.

"등산과 같습니다. 높은 산에 오를 때는 작은 언덕에 오를 때보다 당연히 스트레스가 더 크겠지요. 하지만 정상에 올랐을 때 느끼는 행복과 희열도 그만큼 더 큽니다. 매력적인 목표는 우리의 힘을 총동원하게 하지요. 시간은 더 빨리 흐르고 우리는 그 활동에 푹 빠져듭니다."[118]

이 현상을 설명하는 이론이 바로 몰입Flow이다. 교육학자 쿠르트 한Kurt Hahn이 '창의적 열정'이라고 부른 것과 마리아 몬테소리 여사가 '관심의 집중화 현상'이라고 한 것도 마찬가지다. 심리학자 미하이 칙센트미하이는 인간이 최고의 집중력을 발휘하면서 행복과 감격을 느끼는 정신 상태를 '몰입'이라 불렀다. 이것은 마라톤을 즐기는 사람들이 '러너스 하이runner's high'라고 부르는 그 행복 상태. 힘들여 DIY 가구를 제작하면서, 그림을 그리면서, 노래를 부르면서, 음식을 만들면서 우리는 그런 경험을 만끽한다.

동기는 몰입의 영약으로 투철한 목적 아래 행동하도록 도와준다. 여기에 스트레스가 더해지면 우리 몸의 마약 창고가 활짝 열린다. 결국 몰입이란 흥분을 유발하는 자극 물질의 지원을 받아 도취된 상태와 같다.

게르노트 랑스는 동기와 스트레스가 다 필요하다고 강조한다. 동기가 없으면 몰입은 불가능하다. 물론 스트레스의 팬인 그도 불쾌한 스트레스의 무서운 영향을 잘 알고 있다. 가령 요리를 못하는 그는 어쩔 수 없이 요리를 해야 할 때 불쾌한 스트레스가 솟구친다. 그에게 요리는 말 그대로 스트레스 그 자체다.

"그런 스트레스는 나도 싫습니다."

2

휴식이 필요한 레시피

함부르크의 스타 요리사 게랄트 초크바움Gerald Zogbaum이 불 옆으로 다가가면 식재료는 순식간에 고급 요리로 변신한다. 평범한 셀러리 하나도 소금에 구워 퓌레를 만들거나 시럽을 입힌 후 바짝 튀긴 셀러리 고명으로 얹으면 멋진 요리로 탈바꿈한다.

스타 요리사는 손님에게 최대의 여유와 맛을 제공하기 위해 초고속으로 움직여야 한다. 소비자의 바람과 서비스 제공자의 의무가 고급 식당만큼 가까이에서 공존하는 장소는 아마 없을 것이다. 한쪽에선 스트레스 없는 여유를 원하고 다른 쪽에서는 미치도록 쫓기며 움직이니 말이다.

사실 요식업만큼 스트레스가 심한 업계도 드물다. 한 연구 결과를 보면 요식업 종사자 여섯 명 중 한 명꼴로 야간에도 일하며, 네 명 중 한 명꼴로 주당 10시간의 초과근무를 한다. 그럼에도 불구하고 15만 9,550명이 생활하기에 턱없이 부족한 임금을 받는다. 그 결과는 탈진과 우울증인데 스타 요리사도 주방 보조와 별다를 것이 없다. 독일 방송에도 출연한 스타 요리사 팀 맬처Tim Maelzer는 2006년 이렇게 말했다.

"저는 과로에 찌들었습니다. 완전한 번아웃입니다."

◌◌◌ 아드레날린에 중독된 요리사

초크바움도 명성을 유지하려 애쓰느라 스트레스를 많이 받는다. 그의 식당은 미슐랭 2스타, 고에 미요gault millau 15점을 받아 함부르크 최고의 식당으로 꼽힌다. 그 정도 지위를 얻으려면 굉장히 창의적이어야 한다.

"항상 새로운 요리를 창조하자니 스트레스가 크지요."

그렇게 노력해도 가게가 꽉 차지 않고 들인 비용에 비해 경제적 성공이 미미하면 회의가 밀려온다.

"장기적인 긴장은 사람을 망가뜨릴 수 있습니다."

그래서 초크바움은 장기 스트레스를 피하는 자기만의 방법을 터득했다.

"불쾌한 스트레스의 원인은 요리가 아니라 사람입니다."

실수하는 웨이터, 집중하지 않는 요리사, 잘난 척하는 손님이 그의 '시스템'을 위험에 빠트린다. 그는 무엇보다 최선의 준비를 최우선으로 생각한다. 첫 손님이 올 시간이면 필요한 모든 재료를 요리 바로 직전에 사용할 수 있도록 준비를 끝내야 한다. 고기 진공포장용 랩도 준비해야 한다. 식당 요리사들은 전부 요리도구가 어디에 있는지 잘 알고 있다.

"찾을 시간이 없습니다. 그 시간에 소스에 간을 해야 하니까요."

나는 셀러리 하나에 투자하는 시간이 얼마나 되는지 계산해보았다. 4인분 음식에 들어갈 셀러리를 만들기까지 씻고 껍질을 벗기고 썰고 데치고 퓌레를 만들어 체에 거르고 튀기고 젓고 간하고 세팅하는 데만 3시간이 걸린다. 장을 보고 재료를 장만하는 시간은 계산에 넣지도 않았다. 매일 그의 손을 거치는 재료가 얼마나 되는지 어림짐작할 뿐이다.

"수백 개는 되겠지요."

매일 저녁 주방을 떠난 300여 개의 접시 하나하나에는 중노동의 결과물이 담겨 있다. 손님의 입으로 들어가는 음식 하나하나가 전부 시간의 농축물이다.

한때 그의 동료 맬처가 그러했듯 초크바움에게도 건강에 적신호가 울리던 시기가 있었다. 근본적으로 그는 스트레스를 사랑하고 그것을 촉매로 여긴다.

"필요한 속도를 내기 위해 스트레스를 차곡차곡 쌓아요."

그는 일부러 속도를 높여 스트레스를 만들기도 한다. 그래야 더 집중해서 일할 수 있기 때문이다. 하지만 그런 식으로 시간이 흐르면서 그 흥분 상태에 중독되고 말았다.

"아드레날린에 중독되었던 거죠."

그렇게 스트레스 반응을 장기 에너지원으로 활용하면서 시스템이 나쁜 쪽으로 기울었다. 혈압이 하루 종일 180에 머물렀는데 이는 누가 봐도 너무 높은 상태다. 그 정도 혈압이면 심장과 순환계에 무리가 가게 마련이다.

초크바움은 여전히 스트레스를 사랑하지만 그걸 장기간 이용하는 것은 바람직하지 않다고 여겨 잠시 식당 문을 닫기로 했다. 충분히 휴식을 취하면서 재충전할 기회를 얻기 위해서다.

3

도시가 존재하는 이유

나는 대도시를 사랑한다. 그러나 내 대도시 사랑은 요즘 라이프스타일 잡지에 한창 유행하는 트렌드와는 다르다. 물론 빌딩을 식물로 덮는 밀라노 건축가 스테파노 보에리 Stefano Boeri의 숲 아파트 보스코 베르티칼레Bosco Verticale 도 흥미로운 프로젝트라고 생각한다. 게릴라 정원이나 도심의 해변 바 같은 아이디어도 바람직하고 참신해 보인다. 그렇지만 자연으로 돌아가자는 식의 그런 상징적 현실도피에는 공감하지 않는다. 나는 작은 공간의 안정보다 큰 공간의 불안을 더 갈망하는 유형이기 때문이다. 내가 사랑하는 것은 되찾은 몇 평방미터의 야생이 아니라 도시가 주는 열광이다.

클라우디아 슈타인베르크Claudia Steinberg에 비하면 내 도시 사랑은 새 발의 피도 안 된다. 저널리스트로 1980년부터 뉴욕에서 살고 있는 그녀는 시골에서는 상상도 할 수 없는 속도, 분주함, 스트레스 같은 대도시만의 특징을 아낀다. "스트레스의 긍정적 측면은 높은 인구밀도라고 생각해요. 어렸을 때부터 일요일이면 텅 비는 거리가 정말 싫었거든요. 처음 뉴욕에 와서 살았던 소호의 브로드웨이는 언제나 사람들이 넘쳐나고 차들이 다녀서 좋았어요."

다른 사람들이라면 군중 공포증을 느낄 만한 곳에서도 그녀는 "빠르게 걷는 행인의 물결"에 휩쓸리는 것이 즐겁다고 했다.

"아침에는 전철을 자주 타요. 최악의 러시아워가 끝나고 전철이 의욕에 불타 화장하고 머리를 매만지고 하루를 위해 단단히 무장하는 직장인으로 붐비는 시간이면 나도 그런 기분에 절로 전염돼 기름칠을 잘한 기계의 부속품이 된 것 같거든요. 한마디로 안전하다는 느낌이 들죠."

∞∞∞ 영감의 장소일까, 파멸의 장소일까

그렇지만 그녀와 달리 도시의 분주함에 매력을 느끼지 못하는 사람들에게 대도시는 그저 불안과 초조의 장소일 뿐이다. 전 세계적으로 대도시의 인구는 날로 늘어나고 있다. 지구인 두 명 중 한 명은 도시인이다. 그런데 대도시의 밀착된 생활공간에서 받는 감정은 제각각 다르다. 대도시는 영감의 장소일까, 아니면 파멸의 장소일까?[119]

20세기 초 사회학은 도시를 연구 대상으로 삼기 시작했다. 게오르크 짐멜Georg Simmel은 1903년 대도시가 엄청난 양의 자극으로 인간의 정신을 긁어댄다고 말했다. 이것은 대도시가 계속해서 충격을 주는 탓에 인간의 감각이 과부하에 걸려 결국 시공간 감각 자체를 잃는다는 의미다. "새로운 자극에 적절한 에너지로 반응하지 못하면" 우리는 둔감해지고 소극적으로 변한다.[120] 짐멜의 이 진단은 우리가 지하철이나 도로에서 경험하는 터널 시각tunnel vision(시야가 좁아진다는 뜻으로 주변부가 잘 보이지 않는 현상—옮긴이)과 같은 의미다. 즉, 자신을 보호하기 위해 둔감해지는 상태로 이는 모두가 아는 스트레스 반응이다. 다른 한편으로 짐멜은 넘치는 자극을 도시의 '지성적 성격'을 형성하는 채찍질로 본다. 도시는 개인의 성장을 돕는 엔진이라는 얘기다.

도시에는 우리의 신경 시스템을 자극하는 모든 것이 있

> 도시의 분주함에 매력을 느끼지
> 못하는 사람들에게 대도시는
> 그저 불안과 초조의 장소일 뿐이다.

다. 이 점에서는 도시를 비판하는 쪽이나 찬양하는 쪽의 생각이 같다. 양쪽의 의견이 엇갈리는 지점은 그 자극에 대한 평가다. 불안에 떠는 쪽은 골목마다 무엇이 기다리고 있을지 몰라 불안해한다. 모험을 즐기는 쪽은 양파처럼 아무리 까도 또 나오는 무한의 가능성에 환호를 보낸다. 도시를 정글에 비유해 '도시 정글'이라고 부르는 것도 우연은 아니다. 모험가들은 살아 움직이는 정글에 감격하지만 겁이 많은 쪽은 그 밀림에 무엇이 숨어 있을지 불안해하며 마음을 졸인다.

도시는 끝없이 변화하는 장소인데, 이런 측면도 상반된 평가를 낳는다. 신중한 사람들에겐 변화가 스트레스지만 호기심이 많은 사람들에겐 기대이기 때문이다. 미술평론가 카를 셰플러Karl Scheffler는 이렇게 말했다.

"베를린은 영원하지만 결코 존재하지 않는 저주받은 운명의 도시다."[121]

실제로 조금 눈에 익었다 싶으면 금세 사라지고 새로운 것이 들어서서 낯설어지는 게 도시다. 최근의 심리 연구는 도시의 이런 현상에 주목하고 있는데 그 기조는 대부분 부정적이다. 〈네이처〉에 실린 내용을 보면 도시인은 농촌 사람에 비해 정신분열에 걸릴 위험이 두 배나 더 높다.[122] 우울증과 공포장애도 40퍼센트 더 높다. 더구나 대도시인의 뇌는 소도시와 농촌에 사는 사

도시에는 우리의 신경 시스템을 자극하는 모든 것이 있다.

람의 뇌에 비해 스트레스에 훨씬 민감하다.[123] 베를린 대학교 부속 자선병원에서 정동장애를 치료하는 정신과 의사 마츠다 아들리Mazda Adli에 따르면 도시인의 뇌는 "감정 통제력이 부족하고 스트레스에 더 취약하다."[124]

◌◌◌ 도시 찬양자

그렇다면 뉴욕과 베를린은 그 옛날 도덕을 어지럽힌 것으로도 모자라 이제 인간의 중앙 신경 시스템까지 망가뜨리려는 것일까? 마츠다는 반드시 그런 것은 아니라고 말한다. 유전적 소인과 환경 요인도 영향을 미치기 때문이다. 그는 도시의 스트레스도 다른 스트레스 형태와 마찬가지로 개인이 고립감과 답답함을 느끼고 환경을 통제할 수 없다는 무력감에 시달릴 때만 건강에 해롭다고 말한다. 도시 자체가 병들게 하는 것이 아니라 도시에서 인체가 만성 스트레스에 시달릴 때 문제가 생긴다는 얘기다.

클라우디아 슈타인베르크에게는 그럴 위험이 거의 없다. 뉴욕에 발을 디딘 이후 달력이 늘 스케줄로 빼곡한 데도 말이다.

"나는 늘 바빠요. 물론 잠깐씩 가만히 책상 앞에 앉아 있을 때도 있지요. 들려오는 소리라고는 저 아래 도로를 지나가는 차 소리뿐이고요. 그 교통 소음은 내 마음을 어루만져주죠. 혼자 있는 것도 좋지만 나는 다른 사람을 보고 듣고 느껴야 사는 맛이 납니다."

산더미 같은 스케줄도 그녀에게는 부담이 아니라 '풍요'다. 초대장을 받거나 보고 싶은 전시회를 발견하면 가슴이 콩콩 뛴다.

"어떤 때는 어찌나 좋은지 가만히 앉아 있을 수 없어서 집 안을 서성입니다."

그녀뿐 아니라 많은 예술가가 도시의 자극을 찬양한다. 발터 루트만Walter Ruttmann의 실험적인 다큐멘터리 영화 〈베를린, 대도시 교향곡〉은 1927년에 나온 고전 영화다. 작곡가 하이너 괴벨스Heiner Goebbels도 도시의 소음을 음악의 영감으로 삼았다. 1994년부터 그는 여러 도시를 돌며 연작 〈대체된 도시들〉을 발표했다. 그의 전 작품은 망치질과 미친 듯 달리는 현의 트레몰로로 〈프랑크푸르트 알게마이네 차이퉁〉의 기사대로 "표현주의 분위기를 자아내는 음의 벽이다."[125] 연주자들은 자신이 무슨 화물차나 전철이라도 된 듯 삑삑, 붕붕, 끽끽거리며 크고 작은 소리의 파편으로 쉬지 않고 도를 넘는 자극을 생산한다. 리듬이 급속도로 바뀌는 일종의 대도시 멜로디인 셈이다.

물론 뉴요커 슈타인베르크도 멋진 의욕이 순식간에 탈진으로 바뀔 수 있다는 사실을 잘 알고 있다. 평소엔 기분 좋던 도시의 분주함이 한밤중엔 잠을 앗아가는 괴로운 소음이 되기도 한다. 빠듯한 스케줄은 가속을 의미하고 넘치는 사건은 시간을 제물로 삼는다. 갑자기 스케줄이 산더미처럼 쌓일 때도 있다.

"좋은 스트레스와 나쁜 스트레스, 자극과 과도한 부담 사이를 오가며 줄을 타는 셈이죠. 지금까지는 잘 조절하지 못했지만 그래도 지치지 않고 계속 시도해볼 생각이에요."

그녀는 술과 담배를 끊었고 초콜릿도 먹지 않는다. 대신 엄청난 양의 커피를 마신다.

"그래도 내가 제일 좋아하는 마약은 아드레날린입니다. 내 친구들도 대부분 그래요. 우린 공범이죠."

4

용기를 주는 의사

수많은 사람의 생명과 건강을 책임지는 그 남자는 할 일이 엄청나게 많다. 그렇지만 그는 눈을 씻고 찾아봐도 스트레스 기미가 전혀 없다. 예순네 살의 토마스 베싱하게Thomas Wessinghage는 심하다 싶을 정도로 가뿐한 모습이다. 나는 그에게서 스트레스를 무난히 견디는 비법을 알아내고 싶어서 당장 그와 함께 달리기를 했다.

베싱하게는 1982년 5,000미터 마라톤 유럽 챔피언이자 1,500미터 달리기 독일 신기록 보유자다. 그는 바트 비세에 있는 메디컬 파크 클리닉 세 곳의 병원장인데 그가 일하는 병원 앞에는 테게른제 호수가 펼쳐져 있다. 우리는 그

둘레가 20킬로미터에 이르는 호수 주변을 달렸다(대화에서 빌만은 '빌', 베싱하게는 '베'로 표기함).

근육은 압박을 가해야 성장한다

빌 원장님 정도의 스케줄이면 보통 사람은 만성 스트레스에 시달릴 텐데요.

베 스케줄을 잘 조정해서 균형을 잡으면 괜찮아요. 또 이렇게 운동을 하면 스트레스 해소에 좋지요.

빌 달리기가 어떤 도움을 주나요?

베 운동을 자주 하는 사람은 운동이 주는 기분 좋은 안정감을 다들 알 겁니다. 규칙적으로 몸에 부담을 주면 처음에는 혈압이 오르지만 금세 정상 수치로 돌아오지요. 달리는 중에 이완기 혈압이 정상으로 돌아오고, 달리기를 마치면 수축기 혈압도 정상으로 돌아와요. 마지막 수치가 달리기 전보다 더 떨어지기도 하고요. 신체가 자동적으로 진행하는 이러한 회복 단계는 최고의 긴장 완화를 선사하지요.

빌 스트레스를 받으면 혈관은 스트레스 호르몬과 에너지 운반체로 가득해집니다. 그럼 어떤 일이 벌어질까요? 석기시대부터 인간은 그 호르몬 덕에 도망치거나 맞서 싸울 수 있었는데요.

베 얼른 도망치려면 에너지가 필요하죠. 그렇게 내달리면 스트레스 때문에 혈관으로 분비된 당과 지방이 혈관에 쌓이지 않게 방지할 수 있어요. 또 달리면 상사가 큰 소리로 고함치는 바람에 마구 분비된 스트레스 호르몬이 다시 줄어듭니다. 퇴근 후 운동이 건강에 좋은 이유가 여기에 있지요. 현대인의 운동은 생리적으로 석기시대의 두 가지 반응, 즉 도주와 공격이라고 볼 수 있습니다. 석기시대에 조상들이 위험이 닥치면 몸을 움직여 무의식적으로 정상 상태를 회복했듯 우리도 몸을 움직여야 합니다. 꼭 돈을 들여 무얼 배우라는 말이 아니에요. 배드민턴을 치거나 집에서 춤을 춰도 좋아요.

빌 원칙적으로 따지면 운동도 유기체에게는 스트레스잖아요.

베 물론 그렇습니다. 모든 트레이닝의 효과는 신체 스트레스에 기초를 둡니다. 근육은 압박을 가해야 성장하지요. 그러니까 스트레스를 무조건 나쁘다고 생각할 필요는 없죠. 스트레스는 성장을 돕고 건강을 유지해줍니다. 적당한 스트레스는 신체의 수선 시스템을 자극해 수명을 연장하지요. '스트레스는 예방이다'라고 말할 수도 있습니다.

빌 등이나 무릎이 아픈 환자가 앞에 있다는 가정 아래 좀 더 구체적으로 설명하신다면?

현대인의 운동은 생리적으로
석기시대의 두 가지 반응,
즉 도주와 공격이라고 볼 수 있습니다.

베 그들이야말로 관절을 포함한 신체 운동 기관에 압박, 즉 스트레스를 가해 저항력을 키워야 합니다. 아주 망가지지 않았다면 추간판은 보호해야 할 이유가 없습니다. 규칙적으로 부담을 가하는 것이 오히려 마사지 효과를 발휘해 관절을 유연하게 해주지요. 운동으로 근육을 키우고 동시에 뼈를 튼튼히 하면 추간판에 큰 도움을 줍니다. 이 모든 것을 고려할 경우 '운동이 없으면 건강도 없다'는 공식이 나오지요.

빌 운동이 순환계에 유익한 이유는 무엇일까요?

베 종이처럼 얇은 혈관 내막은 단순한 세포층으로 이루어져 있습니다. 우리가 운동을 하면 피가 빨리 흐르지요. 그렇게 속력을 높인 혈류는 기계 자극을 가해 혈관 내막을 훈련시킵니다. 옆에서 부담을 가해 혈관 안쪽의 건강을 돕는 것이지요. 또 혈액순환이 빨라지면 노폐물 처리 속도도 높아집니다. 이것은 당연히 건강에 유익하고요. 그래서 운동을 하면 뇌졸중 예방이 가능한 겁니다.

빌 물이 별로 없는 강에 퇴적물과 녹조가 생기는 것과 같은 이치군요. 그럴 땐 한 번씩 깨끗하게 청소를 해주어야 하지요.

베 자극은 약 48시간 동안 유효합니다. 정화 작용도 마찬가지고요. 그러니까 적어도 이틀에 한 번씩 운동을 하는 것이 좋습니다.

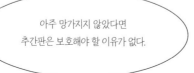

아주 망가지지 않았다면
추간판은 보호해야 할 이유가 없다.

빌 사실 삶의 속도가 빨라질수록 몸은 더 움직이지 않습니다. 왜 우리는 이처럼 몸을 움직이지 않게 된 것일까요?

베 몸을 움직일 필요가 없기 때문이지요. 그러나 인간은 지난 수십만 년 동안 몸을 움직여 살아남았습니다. 생물학적으로 중요한 이 요인을 포기하는 것은 유익하지 않죠. 전체 신체 기능, 인간의 모든 기관이 운동 부족에 시달리고 있습니다. 혈압은 치솟고 심장은 느리게 뛰며 당뇨와 암이 늘고 있지요. 정신 상태도 좋지 않고요.

토마스 베싱하게가 내게 한 말은 과학적으로 이미 입증된 사실이다. 운동 부족은 현대인의 질병 원인 중 1위를 차지한다. 많은 전문가가 운동이 정신 건강에 미치는 유익한 영향에도 관심을 기울이고 있다.

첫째, 운동은 기분을 밝게 해준다. 운동을 하면 뇌에서 행복 호르몬으로 알려진 세로토닌과 도파민이 분비되기 때문이다. 둘째, 베를린 대학교 부속 자선병원 정신과 의사 안드레아스 스트뢸레Andreas Ströehle의 연구 결과처럼 운동은 공포장애와 우울증을 예방하는 적절한 방법이다.

⌒⌒⌒ 운동이 정신 건강을 지원하는 메커니즘

미국 볼티모어의 연구진은 한 걸음 더 나아가 쥐 실험으로 운동이 정신 건강을 지원하는 메커니즘의 비밀을 밝혀냈다. 우리의 근육 세포는 활동하면서 혈관에 물질을 분비하는데, 그중 하나가 '견딤 인자'라고 불리는 능률 향상 단백질이다. 이것이 시상하부에서 신경계 성장, 즉 신경 생성을 자극해 기억력을 높인다.[126]

또 한 가지 비슷한 메커니즘이 스트레스 반응 방식에 영향을 준다는 연구 결과는 특히 우리의 흥미를 끈다. 그 주인공은 'PGC_1a1'이라는 단백질이다. 신체를 단련하면 이 단백질이 나서서 근육 세포의 대량 생산을 돕는다. 2014년 스위스 연구진에 따르면 그 효과가 간접적이긴 해도 뇌에까지 미친다고 한다. 이들은 소음과 빛으로 쥐들을 괴롭혀 수면 리듬을 엉망으로 만들었다. 그렇게 5주 동안 스트레스를 가하자 쥐들이 우울증을 보였다. 그러나 혈액에 PGC_1a1 단백질이 많은 비교 그룹 쥐들은 그렇지 않았다. 연구진은 이 단백질이 효소를 거쳐 해로운 스트레스 요인의 활동을 저지한다고 추측했다. 이는 운동이 장기 스트레스의 부정적 효과에 대응하도록 뇌의 면역력을 높여 번아웃과 우울증을 예방한다는 뜻이다.[127]

빌 원장님, 저는 달리기를 하면 생각이 맑아지는 느낌을 많이 받습니다.

베 몸의 긴장이 풀리면 뇌도 긴장을 풀지요. 몇 시간 동안 규칙적인 운동을 할 경우 막혔던 생각의 강물이 열립니다. 그래서 트라우마 치료를 할 때도 규칙적이고 리드미컬한 동작을 많이 활용합니다. 그것이 정신에 긍정적 효과를 미치는 것 같습니다. 흔히 오해하듯 달리면 멍청해지는 것이 아니라 달리면 더 똑똑해지지요.

빌 맞습니다!

베 치매 예방과 관련된 멋진 연구 결과가 있습니다. 일흔 살 이상의 노인이 매일 1.6킬로미터를 걸으면 400미터밖에 걷지 않는 사람보다 치매에 걸릴 위험이 절반으로 줄어듭니다.

퀼른의 신경학자 슈테판 슈나이더Stefan Schneider는 운동과 특수한 형태의 스트레스가 직접 관련이 있다는 사실을 밝혀냈다. 예를 들어 어떻게 하면 폐소공포증을 막을 수 있을까? 슈나이더는 모스크바 우주정거장 모형에서 530일을 지낸 MARS500 실험 참가자들을 조사했다. 그때 운동을 한 사람들의 심리 스트레스가 훨씬 덜했는데, 그 이유는 뇌혈류 측정으로 밝혀졌다.

운동을 하자마자 본래 스트레스를 받으면 활동이 증가하

는 전전두피질의 전기 활동이 감소했다. 슈나이더는 러닝머신에서 뛰거나 자전거를 타면 뇌가 그 동작에 신경을 곤두세우느라 장기 스트레스를 유발하는 생각에 계속 매달릴 여유가 없기 때문이라고 추측한다. 이는 〈슈피겔〉의 기사처럼 꼬리를 물고 이어지는 생각을 잘라 "뇌에게 휴식을 선사하는" 셈이다. 운동을 한 실험 참가자들은 기분이 더 좋은 것은 물론 정신 능력도 향상되었다. 운동 이후가 그 전보다 지적 능력도 더 높아졌다.[128]

◠◠◠ 무엇보다 꾸준히

그렇다면 지속적으로 정신적 압박에 시달리는 사람은 신체 긴장이 주는 균형 회복 효과에 기대는 것도 좋지 않을까 싶다. 캐나다 수상 저스틴 트뤼도 Justin Trudeau 는 후보 시절 보좌관들과 함께 규칙적으로 복싱 링에 올랐다. 스트레스를 해소해 혹독한 선거전에서 정신력을 잃지 않기 위해서였다. 복싱은 공격성을 줄이는 데도 이상적인 수단이다. 고달픈 심리전과 말싸움을 극복해야 했던 그에게 그보다 더 좋은 운동은 없었을 것이다.

빌 저는 가끔 에너지가 완전히 바닥날 때까지 혹독하게 운동을 합니다.

베 그건 다른 효과가 나겠네요. 심한 운동을 하면 혈압과 함께 스트레스가 증가합니다. 그런 식으로 그 옛날 야생에서 생존에 꼭 필요하던 능력을 불러내는 것이지요.

빌 그럼 저기 작은 숲속에 굶주린 늑대 무리가 숨어 있다고 상상해볼까요? 그들이 달려들면 우리는 극한의 스트레스에 빠질 것입니다. 그건 건강에 해로울까요?

베 그것 역시 부정적인 효과는 아닐 겁니다. 물론 그 전에 늑대한테 잡아먹히지 않아야겠지요. 늑대를 피해 무사히 도망친 후의 긴장 완화는 현대인이 경험하는 소소한 긴장 완화보다 훨씬 더 달콤할 것입니다. 부담과 그 뒤에 이어지는 휴식의 차이가 매우 크기 때문이지요. 하지만 아무리 효과가 좋아도 극단적 스트레스가 너무 잦으면 안 됩니다. 의사로서 1 대 3의 비율을 권하고 싶네요. 한 번 강도 높게 훈련하면 세 번은 조금 약하게 운동을 하는 겁니다.

미국 애리조나 대학교 인류학자 데이비드 라이클렌David Raichlen은 운동과 뇌가 왜 그렇게 친밀한지 그 이유를 밝혀냈다. 결정적인 이유는 조상들이 약 200만 년 전에 이룬 진화의 커다란 도약에 있다. 사냥을 위해 몇 시간씩 넓은 벌판을 뛰어다니려면 지구력이 필요했을 것이다. 지구력이 높아질 경우 신진대사가 달라지고 그 부수 효과로 몇몇 뇌 부위가 커지는데, 이는 인지 능력 향상으로 이어진다.

　　진화 의학은 운동이 뇌 건강을 유지해주는 이유도 설명한다. 규칙적으로 몸을 움직이면 해로운 노폐물이 뇌에 쌓이지 않아 치매에 걸릴 위험이 낮아진다. 인류의 역사를 돌아보면 왜 인간이 번아웃을 앓는지 알 수 있다. 인간의 전체 시스템은 긴 진화 과정을 거치면서 신체 능력뿐 아니라 인지 능력도 얻도록 변화했다. 단, 관리를 해야 한다. 우리가 아픈 것은 일이 많아서가 아니라 관리가 부족한 탓이다. 여기서 말하는 관리란 몸을 움직이는 일을 의미한다. 결국 라이클렌의 이론은 운동을 많이 하는 사람이면 누구에게나 해당된다. 한마디로 달리는 자의 뇌는 깨끗하다.

　　빌 제 친구가 요가를 하는데 달리기와 요가가 다르지 않다고 말하더군요. 솔직히 저는 달리면서 명상을 할 때도 있어요. 특히 산에 오를 때는 더 그렇습니다.

　　베 내 동료는 불교신자인데 한번은 달리기가 긴장을 풀어주지 못한다고 하더라고요. 쉬지 않고 계속 달리니까요. 그런데 5년 뒤의 어느 날 가벼운 운동을 꾸준히 하면 명상 못지않게 긴장 완화 효과가 있는 것 같다고 인정하더라고요. 사람마다 유형

달리는 자의 뇌는 깨끗하다.

이 다릅니다. 모두가 명상을 좋아하는 것은 아니듯 모두가 달리기를 좋아하는 것도 아니지요. 무릎이 아플 수도 있잖아요. 그러니까 각자 자신에게 맞는 것을 골라야 합니다. 어떤 것이라도 좋습니다. 무엇보다 꾸준히 하는 것이 중요합니다.

스트레스와 함께 완벽한 삶을

현대인에게 가장 바람직한 삶의 방식은 속도를 늦추는 일

이다. 즉, 걸음을 멈추는 것이 앞으로 나아가는 유일한 길이

다. 모순처럼 들리지만 서점가에 놓인 자기계발서는 하나같

이 그렇다고 주장한다.

스트레스로 고통 받는 사람을 돕겠다는 묘책은 엄청나

게 많지만 가만히 살펴보면 그리 큰 차이가 없다. 모두가 딱

한 창고에서 나온 방법이다. 그것은 조용한 곳에서 눈을 감

고 마음의 소리에 귀를 기울이는 일이다. 즉, 양반다리를 하

고 의식을 확장해주는 자세를 취한 후 느리게 숨을 쉬며 명

상을 하라고 한다. 아마 그들은 내 고약한 습관을 알면 바

꾸라고 권하리라.

나는 저 멀리 버스가 보이면 무조건 전속력으로 달린다. 어떻게든 버스를 타고 싶어서다. 전철도 마찬가지다. 스트레스에 빠질 위험을 감수하고 잡을 수 있는 상황이면 반드시 잡으려 한다. 거의 모든 자기계발서가 다음 전철을 타라고 충고한다. 그때 자투리시간은 '공짜로 얻은 시간이라 여기고 적극 활용하라'고, 다음 전철이 오기까지 몇 분간 생각을 멈추고 명상을 해보라고 말이다.

물론 언젠가 몸도 마음도 쉬고 싶은 순간이 오면 나도 그 방법을 적극 활용할 생각이다. 그렇지만 아직은 속도를 늦추지 않고도 마음의 평화를 찾을 수 있어서 행복하다. 걸음을 멈추지 않아도 행복할 수 있어서 나는 기쁘다. 내 마음에 평화를 선사하는 충분한 스트레스 요인이 있어서 정말 좋다. 이것은 내게 건강, 행복, 여유, 힘 등 명상이 주는 모든 것을 선사한다.

명상, 버섯 채집, 달리기의 공통점

불교신자이자 명상 마니아인 내 친구 울리가 얼마 전 놀라운 깨달음을 얻었다고 고백했다. 요가 매트에 앉아 의식을 확

> 걸음을 멈추지 않아도
> 행복할 수 있어서 나는 기쁘다.

장하는 자신과 하루 종일 숲을 헤매며 버섯을 채집하는 다른 친구 그리고 눈부신 속도로 산봉우리를 향해 돌진하는 내게 근본적으로 차이가 없음을 깨달았다는 것이다. 불교신자, 버섯 채집꾼, 조깅에 미친 나는 모두 자기 나름대로 열정을 다해 최고의 긴장 완화 상태에 도달한다.

나는 요가 매트, 버섯, 운동화가 아니라 우리가 쏟아 붓는 열정이 중요하다고 확신한다. 그리고 많은 사람이 그 열정을 깨우는 데 스트레스를 활용한다. 실제로 나는 죽어라고 달려서 버스를 잡았을 때 행복하다.

그럴 때 세 사람의 몸에서는 어떤 일이 일어날까? 명상하고 버섯을 따고 산을 달려 오를 때, 우리는 행복을 찾는 각자의 방법에서 커다란 차이를 발견한다. 불교신자 울리가 명상할 때 그의 몸은 속도를 줄이지만, 내가 달릴 때 내 몸은 속도를 높인다. 이는 내 근육에 트라우마를 가하는 과정이다. 언뜻 이는 건강에 해로울 것 같지만 그렇지 않다.

운동을 하면 새 근육섬유가 생기는 것이 아니라 근육섬유가 두꺼워진다. 정상 수준을 넘어서는 부담을 안길 경우 근육은 상처를 입는다. 그러면 내 몸은 괴롭힘을 당한 섬유세포를 수선하고, 그 과정에서 단백질이 투입되어 세포가 넓어진다. 이는 과도한 부담에 적응하는 과정이다.

이처럼 근육의 횡단면이 넓어지는 상태를 근비대muscle hypertrophy라고 부른다. 결국 심장, 장딴지, 허벅지 근육이 두꺼워지는 원인은 스트레스에 있다. 스트레스 덕분에 나는 더 힘이 세지고 지구력이 강해지며 결과적으로 계속 달려서 더 큰 긴장을 해소한다.

이런 방식으로 나는 회복탄력성을 키운다. 내게 스트레스를 주어 스트레스 저항력을 키움으로써 질병을 예방하는 것이다. 물론 지나친 스트레스는 금물이다. 프로 운동선수들이 주로 사용하는 단기 고강도 트레이닝은 스트레스에 따른 손상을 회복하는 데 몇 주의 시간이 걸리기도 한다.

나는 지구력 운동이라는 중도를 선택했다. 달리기를 즐기는 사람이면 누구나 알겠지만 장기 저강도 트레이닝을 하다 보면 어느 순간 능률이 오르지 않는 때가 찾아온다. 그럴 때는 인터벌 달리기나 30초 스프린트 같은 고강도 훈련을 사이사이에 끼워 넣어야 다시 효과가 쑥 오른다.

고강도 훈련은 근육뿐 아니라 당 신진대사와 혈중 지방 농도에도 긍정적 영향을 미친다. 튀빙겐 대학병원의 스포츠의학자 안드레아스 니스Andreas Niess는 단기 훈련이 "신진대사 증후군이나 만성 심부전증"에 도움을 준다고 주장한다. 단기 집중 훈련은 근육 섬유세포에 미세한 외상을 가하는데 그것이 보호 이상의 효과를 낸다는 의미다. 관절염 환자도 마찬가지다. 독일 쾰른의 잉고 프로뵈제Ingo Froböese 스포츠과학 교수는 불쾌한 통증에 시달리는 관절염 환자가 관절을 움직이지 않는 것은 미친 짓이라고 주장한다.

"관절염일수록 움직여야 한다."

이는 운동으로 연골에 기계적인 스트레스를 주어야 한다는 말이다. 프로뵈제는 "추간판에도 마찬가지로 운동이 필요하다"라고 말한다.[129]

⌒⌒⌒ 정신 건강에 도움을 주는
스트레스가 있다

적절한 스트레스는 신체 건강 유지에 커다란 도움을 준다. 정신 건강도 장딴지 근육 못지않게 스트레스의 도움을 받는다. 스트레스는 트라우마나 공포증 치료에 유익하다. 스트레스 호르몬 코르티솔이 기억을 불러내지 못하도록 막아주기 때문이다. 또한 보훔 대학교 올리버 볼프의 말대로 스트레스를 받으면 새로운 기억이 더 단단히 우리 뇌에 자리를 잡는다. 끔찍한 사건이 절대 잊히지 않는 이유가 바로 여기에 있다.

그러한 기억은 그것이 동반하는 스트레스로 인해 말 그대로 기억에 낙인이 찍힌다. 이 효과를 이용하면 부정적 기억을 긍정적인 새 기억으로 덮거나 몰아낼 수 있다.

예를 들어 어떤 환자가 심리 치료로 거미를 만나거나 높은 곳에 올라가도 죽지 않는다는 사실을 배웠다고 해보자. 이때 신체적, 심리적 스트레스를 가하거나 코르티솔을 투입해 흥분 상태에 빠뜨리면 그는 그 성공 경험을 훨씬 더 오래 기억에 저장한다.

베른 대학교 정신의학 클리닉의 레일라 조라비아Leila Soravia 는 코르티솔을 이용해 거미 공포증 환자를 치료했다.[130] 한 달 후 환자는 스트레스 호르몬이 들어 있지 않은 플라시보 약을 먹은 비교 집단에 비해 눈에 띄게 여유를 찾았다.[131] 바젤 대학교에서 실험한 고소공포증 환자들도 비슷한 효과를 경험했다. 치료 1시간 전에 코르티솔 알약을 먹자 효과가 훨씬 오래 지속되었다.[132]

심지어 외상 후 스트레스 증후군을 앓는 환자들도 코르티솔 치료에 긍정적 반응을 보였다. 악몽을 꾸는 횟수가 눈에 띄게 줄어든 것이다. 효과는 장기적으로 나타나 호르몬을 끊고 나서도 플라시보 비교집단에 비해 아픈 기억을 거의 떠올리지 않았다.[133]

올리버 볼프도 실험 대상자들이 아픈 기억을 완전히 지우지는 못했지만, 심리 치료에 곁들인 적절한 양의 스트레스 호르몬이 충분한 효과를 냈다고 말했다.

"우리의 연구 결과가 기억을 잊는 데 보다 효과적으로 기여할 것 같다."[134]

우울증 치료에서 잠을 재우지 않는 방법은 이미 오래전에 효과를 인정받았다. 함부르크 대학교 라르스 슈바베의 말을 들어보자.

"잠을 재우지 않아도 당연히 스트레스 반응이 일어난다. 이것 역시 스트레스가 기분을 밝게 만들 수 있다는 생각에서 나온 방법이다."

마약 중독을 치료할 때도 스트레스가 도움을 준다. 바젤 대학교 마르틴 발터Martin Walter와 도미니크 드 퀘르뱅Dominique de Quervain은 이 경우도 공포증이나 트라우마 환자처럼 기억력을 떨어뜨리는 코르티솔의 효과가 통하는 것이라고 추측한다. 즉, 스트레스 호르몬은 중독의 기억을 억제한다. 두 사람의 연구 결과를 보면 스트레스 호르몬을 투여할 경우 헤로인 중독 환자의 욕구가 25퍼센트나 줄어들었다. 이들은 스트레스 호르몬이 니코틴, 술, 게임 중독에도 긍정적 효과가 있을 것이라고 추정한다.[135]

스트레스 호르몬이 발휘하는 마약 같은 효과도 중독과의 싸움에 많은 도움을 준다. 열심히 운동하거나 일을 하면 아드레날린과 엔도르핀이 분비되면서 보상센터가 활성화된다. 그러므

로 인내심을 발휘해 중독과 꾸준히 싸우려면 다시 살짝 중독될
필요가 있다.

∘∘∘ 삶의 묘약

스트레스는 다이어트 비법이기도 하다. 그것은 간단히 추위 스트레스를 활용하는 일이다. 우리 몸에 얼마만큼의 에너지가 필요한지는 스트레스 반응을 불러오는 교감신경이 좌우한다. 그 교감신경을 자극하면 심장 근육이 빨리 뛰고 그러면 신진대사가 활성화되면서 에너지 소비가 늘어난다.

바젤 대학교 약리학 및 독성학 연구소의 알렉산더 파이퍼Alexander Pfeifer는 이 방법으로 쥐의 다이어트에 성공했다. 쥐를 추위에 노출하자 살찌는 원인인 백색 지방세포가 체온을 높이기 위해 갈색 지방세포로 바뀌었다. 쥐는 열흘 동안 전체 지방의 10퍼센트를 태웠고 연구진은 이 방법을 "비만 치료의 흥미로운 출발점"[136]으로 인정했다. 인간도 체온이 떨어지면 몸에 나쁜 백색 지방세포가 유익한 갈색 지방세포로 바뀌어 에너지를 낸다. 이것은 2015년 피부의 상당 부분을 잃어 추위에 노출될 수밖에 없는 화상 환자들을 대상으로 텍사스 갤버스턴 메디컬 브랜치 대학교 연구진이 밝혀낸 사실이다.[137]

한마디로 스트레스는 삶의 묘약이다. 우리 삶에서 스트레스가 해로운 분야는 거의 없는 것 같다. 물론 모든 물질이 그러하듯 스트레스 호르몬도 진통제이자 독이 될 수 있다. 오용하면 해가 되지만 적절한 분량이면 유익하기 이를 데 없다. 그러니 직장에서도 스트레스를 너무 겁내지 마시라. 몇 년씩 이어지지만 않는다면 일정 기간의 스트레스는 실보다 득이 많다.

스트레스 반응이 강할수록 뒤에 찾아오는 진정 효과도 강하며 강한 스트레스는 최고의 긴장 완화 효과를 선사한다. 이 방식으로 스트레스는 스트레스를 막아준다. 지금 스트레스를 받아 심장이 쿵쾅거리고 말이 나오지 않아도 그것은 모두 우리를 위한 반응이므로 스트레스 때문에 스트레스를 받을 이유는 없다.[138]

스트레스를 받아 심장이 쿵쾅거리고
말이 나오지 않아도 그것은 모두
우리를 위한 반응이다.

스트레스, 살아 있다는 증거

　　전문가들은 좀 더 여유로운 자세로 스트레스를 바라보라고 권한다. 스트레스 연구의 선구자인 로버트 새폴스키도 만성적이지 않다면 스트레스는 해로운 점을 거의 찾을 수 없다고 강조한다. 단, 스트레스 전체를 나쁘게 평가하지 않되 일시적인 스트레스와 만성 스트레스의 차이에 주목해야 한다.

　　"우리의 건강에 해를 끼치는 것은 대개 만성 스트레스다."

　　스트레스 요인의 반복적인 경험은 뇌의 재조직화를 막는다. 계속해서 한계를 넘어서는 사람은 스트레스를 내면화해 뇌 기능 손상과 우울증을 유발함으로써 면역력을 떨어뜨린다.

　　그렇지만 장기 스트레스라고 해서 무조건 겁낼 필요는 없다. 신경계 손상은 대부분 되돌릴 수 있기 때문이다. 연구진도 뇌의 회복력에 깜짝 놀랄 정도다. 독일 괴팅겐 영장류 센터의 에버하르트 푸흐스Eberhard Fuchs는 이렇게 말한다.

"뇌의 반응은 매우 유연하고 다양하다. 스트레스는 되돌릴 수 있는 과정이다."[139]

뉴욕 코넬 대학교 신경학자 코너 리스턴Coner Liston은 이와 관련해 획기적인 실험 결과를 발표했다. 우선 스무 명의 대학생에게 격한 심리·사회적 스트레스를 주어 전전두피질에 심한 손상을 가했다. 이는 뇌 스캔 결과로 확인했고 지적 능력 테스트 결과도 이들의 능력이 비교 집단에 비해 떨어진 것으로 나타났다. 하지만 불과 한 달 만에 뇌는 원래 상태로 회복됐다.[140]

우리에겐 잘 발달한 알로스타시스allostasis가 있다. 이것은 외부환경 변화에 적응하기 위해 역동적으로 스스로 변화함으로써 안정을 유지하는 인체 기능이다. 인체는 장기적으로 보아도 안정된 시스템이다. 미국 스트레스 전문가 브루스 맥쿠엔의 말처럼 "장기적으로 혼란에 빠진 뇌의 희생물이 될"[141] 이유가 없다.

이처럼 스트레스는 건강의 무덤이 아니다. 오히려 진화의 투쟁에서 승리하도록 세포가 단단히 무장하게 해준다. 스트레스는 평생 위험에 저항하도록 우리를 도와주며 심지어 인생 말년에도 긍정적인 힘으로 작용한다. 몇 주 동안 자리에 누워 있으면 금세 근육이 줄어든다. 정신도 자꾸 도전받지 않을 경우 쉽게 흐려진다. 그래서 뉴욕 컬럼비아 대학교 심리학자 우르줄라 슈타우딩거Ursula Staudinger가 "일정 정도의 스트레스는 행복한 삶의 원천"이라고 말하는 것이다.

나이가 들어 은퇴했더라도 "도전적인 활동을 해야 나중에 치매에 걸릴 위험이 크게 줄어든다." 조기 은퇴에 따른 활동 부족이 알츠하이머 같은 질병과 관련이 있다는 사실은 과학적 연구로도 입증되었다. 건강에 적신호가 켜져도 우리는 시간이 한참 흐른 후에야 자각한다.

"안타깝게도 그땐 이미 너무 늦다."[142]

나아가 스트레스는 삶의 안전장치다. 뉴욕 대학교 경제학자 나심 니콜라스 탈레브Nassim Nicolas Taleb는 허약한 시스템에는 스트레스 유발 요인이 위험을 안겨줄 수 있으나 그렇지 않은 시스템에는 위험하지 않다고 주장한다. 그는 자신의 저서 《안티프래질》에서 불확실성, 무질서, 가변성이 얼마나 큰 이익을 주는지 설명하고 "강건함으로 가는 출발점은 작은 손상이다"[143]라고 주장했다. 그는 호르메시스Hormesis를 예로 들었다. 호르메시스란 약리학에서 나온 개념으로 미량의 유해물질은 오히려 유기체에 긍정적 효과를 미친다는 의미다. 너무 많이 섭취하지만 않으면 독성 물질이 과민 반응을 유발해 전체 상태를 개선한다는 얘기다.

고대인도 이미 알고 있던 이 현상을 1888년 과학적으로 설명한 사람은 독성학자 후고 슐츠Hugo Schultz다. 효모를 연구하던 그는 약간의 독이 효모의 성장을 자극한다는 사실을 발견했다. 탈레브에 따르면 채소가 건강에 이로운 이유는 채소에 함유된 비타민이 아니라 천적을 막기 위해 채소가 만들어내는 독 때문이라고 주장하는 학자들도 있다. 그러니까 우리가 야채샐러드를 먹는 것은 건강을 위해 화학적 스트레스 요인을 섭취하는 것과 다르지 않은 셈이다.

이 이론의 정당성은 아직 입증되지 않았다. 그러나 마치 예방 접종처럼 우리는 다양한 의학 부문의 경험을 바탕으로 이 원칙의 타당성을 이미 알고 있다. 이 원칙은 전쟁 세대가 극심한 식량난으로 강제적 다이어트를 한 덕분에 수명이 더 연장된 이유도 설명해준다. 탈레브의 말을 들어보자.

"규칙적인 식사는 해롭다. 공복 스트레스 요인을 앗아가기 때문이다. 상황에 따라서는 우리가 자신의 잠재력을 전부 끌어낼 수 없도록 만든다. 호르메시스는 우리가 식사와 공복의 자연적 밸런스를 회복하도록 만들어준다."

이 말은 스트레스 요인이 유발하는 스트레스 반응을 이용해 다시 정상 상태로 돌아가는 것이 생물학적으로 지극히 정상이라는 의미다. 그러니 생존에 필요한 모든 스트레스 요인을 깨끗이 없애고 스트레스 없는 삶을 살아가는 것이 이로울 리 만무하다. 우리와 우리의 시스템을 건강하게 유지하기 위해서라도 일정 정도의 불안은 꼭 필요하다.

억지로 긴장하면 뇌는 즉각 기어를 한 단계 올린다. 실제로 너무 조용하기보다 적당한 소음이 있어야 더 집중력을 발휘하는 사람이 적지 않다. 옆에 항상 통역사가 따라다니면 절대 외국어를 배울 수 없다. 이 원칙은 정신과 신체에 동일하게 적용된다. 1892년 베를린의 해부학자이자 외과의사인 율리우스 볼프가 주장한 볼프의 법칙을 떠올려보자. 골격은 부하負荷에 따라 거기에 적응해 변화하는데, 부하가 클수록 골격의 강도도 증가한다. 이 말을 거꾸로 돌리면 부하가 적거나 없을 경우 뼈가 약해진다는 소리다.

바로 이것이 생명체와 기계의 차이다. 기계는 계속 돌리면 마모되지만 생명체는 부하를 겪으며 강해진다. 결국 우리 몸은 로봇처럼 사용시간을 최소화한다고 보호할 수 있는 게 아니다. 스트레스를 가하고 사이사이 휴식을 취해야 더 아끼고 보호할 수 있다.

탈레브는 가장 중요한 정보원인 스트레스 요인의 커다란 학습 효과를 강조한다.

우리와 우리의 시스템을
건강하게 유지하기 위해서라도
일정 정도의 불안은 꼭 필요하다.

"실수와 그 결과는 그것 자체로 정보다. 가령 논리적 사고력이 아직 완전하지 않은 어린아이에게 통증은 위험에 대처하는 법을 알려주는 유일한 정보 시스템이다."[144]

탈레브는 거기서 한 걸음 더 나아가 타이태닉 침몰과 TWA 800 여객기 추락(1996년 7월 미국 뉴욕 시 앞바다 상공에서 폭발해 탑승자 230명 전원이 숨진 TWA 800 여객기 추락사건 — 옮긴이) 역시 스트레스 요인이었고, 그 결과로 선박과 항공기 안전이 더 강화되었다고 주장한다. 이 말은 결코 시시껄렁한 농담이 아니다. 그는 진심으로 예상치 못한 비극으로부터 사회를 보호해주는 스트레스 요인의 유용성을 알리고자 했다.

네덜란드 작가 하리 밀리스Harry Mulisch가 쓴 단편소설 〈경계〉는 가슴 답답한 상황을 절묘하게 표현한 걸작이다. 이것은 예순한 살의 요아힘 리히트벨트와 그의 아내 A. F. 리히트벨트가 겪은 일을 '여왕폐하께' 쓴 편지 형식으로 묘사한 소설이다. 어느 날 요하임이 몰던 차가 도로 옆 고랑으로 굴러떨어지는 바람에 아내가 중상을 입었다. 이 사고가 비극으로 발전한 이유는 그 고랑이 두 도시의 경계에 있어서 양쪽 시정부가 자기 관할이 아니라고 모르쇠로 일관했기 때문이다.

그러나 몇 주 동안 그 고랑에 방치된 아내가 결국 목숨을 잃은 진짜 원인은 스트레스 반응을 드러낼 줄 모르는 남편 요아

힘에게 있었다. 다친 사람의 아픔에 전혀 공감하지 못한 그는 세상 편안한 표정으로 텐트까지 쳐놓고 아내 곁을 지켰다. 여기에다 법적 근거로 도움을 줄 수 없다는 구급대원의 설명에 전혀 흥분하거나 화를 내지 않았다. 그렇게 요아힘은 아내가 고랑에서 죽어가는 현실을 참아내며 서서히 미쳐갔다.

이 이야기는 한마디로 요약할 수 있다. 스트레스 부재는 죽음을 몰고 온다.

스트레스가 없는 삶은 황량한 사막과 같다. 이것은 세상에서 가장 스트레스를 많이 받는 환자가 무탈하게 살고 있는 모습만 봐도 알 수 있다. 물론 그 주인공은 생명이 없는 고체지만 매우 복잡한 스트레스 반응을 보인다. 그 주인공은 바로 지각地殼이다. 포츠담에 있는 독일 지구과학연구센터의 데이터뱅크 월드 스트레스 맵에는 2만 1,750곳의 '스트레스 데이터베이스'가 나타나 있다.

그렇지만 그 구조적 불안의 결과가 파괴적인 것만은 아니다. 아프리카판이 유럽판을 밀면서 유발하는 스트레스는 곧잘 지중해 지방을 뒤흔들었고 그 결과물이 알프스다. 유럽에서 가장 크고 아름다운 휴양지도 스트레스 반응의 결과물인 것이다.

머리말

1 Umfrage zu Neujahr: Deutsche wünschen sich weniger Stress, in: Der Nordschleswiger, Online, 21. Dezember 2015, www.nordschleswiger. dk/news-details1/36/88016?newscatid=47&h=Umfrage-zu-Neujahr-Deutsche-wünschen-sich-weniger-Stress (zugegriffen am 1.2.2016).

2 Baurand, Pierre-Emmanuel, et al., Differentail Expression of Metallothionein Isoforms in Terrestrial Snail Embryos Reflects Early Life Stage Adaptation to Metal Stress, in PLoS ONE 10(2), 23. Februar 2015, http://journals.plos.org/plosone/article?id=10.1371/journal.pone.0116004 (zugegriffen am 1.2.2016).

3 Kiep, Victoria, et al., Systemic cytosolic Ca2+ elevation is activated upon wounding and herbivory in Arabidopsis, in: New Phytologist. 207 (4), 2015, S. 996_1004.

4   Kis-Papo, Tamar, et al., Gemomic adaptations of the halophilic Dead Sea filamentous fungus Eurotium rubrum, in: Nature Communications 5, 2014, http://www.nature.com/ncomms/2014/140509/ncomms4745/pdf/ncomms4745.pdf (zugegriffen am 1.2.2015).

5   Brost, Marc; Wefing, Heinrich, Geht alles gar nicht-Warum wir Kinder, Liebe und Karriere nicht vereinbaren können, Reinbek 2015.

1장 ─ 스트레스를 위한 변명

6   Dhabhar, Firdaus S.,et al., Short-term stress enhance cellular immunity and increases early resistance to squamous cell carcinoma, in: Brain Behave Immun. 24(1), 2010, S. 27-37.

7   Viswanathan, Kavitha; Dhabhar, Firdaus S., Stress-induced enhancement of leukocyte trafficking into sites of surgery or immune activation, in: Proc Natl Acad Sci U C A, 102(16), 2005, 5808-5813.

8   Keller, A., et al., Does the perception that stress affects health matter? The association with health and mortality. Health Psychology, 33(5), (2012). 677-684.

9   McGonigal, Kelly, How to make stress your friend, http;//www.ted.com/talk/kelly_mcgonigal_how_to_make_stress_your_freind (zugegriffen am 30.11.2015), 2013.

10 《스트레스의 힘》, 켈리 맥고니걸, 2015.

11 Jamieson, J. P., et al., Improving acute stress responses: The Power of reappraisal, Current Directions in Psychological Science, 22(1), 2013, S. 51-56.

12 McGonigal, Kelly, 2013.

13 Dhabhar, Firdaus S., et al., Stress-induced redistribution of immune cells - from barracks to boulevards to battlefields: a tale of three hormones -

Curt Richter Award winner, in: Psychoneutoendocrinology, 37(9), 2012, S. 1345-68.

14 Wolf, Oliver T., Stress and memory in humans: Twelve years of progress? Brain Res., 1293, 2009, S. 142-154.

15 Sandi, Carmen, et al., Experience-dependent Facilitating Effect of Corticosterone on Spatial Memory Formation in the Water Maze, in: European Journal of Neuroscience, 9(4), 1997, S. 637-642.

16 Batthyany, Sacha, Stirb langsam, in: Süddeutsche Zeitung Magazin Nr. 21/2012.

17 Heinrich, M.; Stächele, T.; Domes, G., Stress und Stressbewältigung, in: Fortschritte der Psychotherapie, Band 58, 2015, S. 1.

18 Vos, T. et al., Golbal, regional, and national incidence, prevalence, and years lived with disability for 301 acute and chronic diseases and injuries in 188 countries, 1990-2013: a systematic analysis for the Global Burden of Disease Study 2013, in: The Lancet, Volume 386, No. 9995, S. 743-800, 22. 08. 2015.

19 Heinrich, M.; Stächele, T.; Domes, G., Stress und Stressbewältigung, in: Fortschritte der Psychotherapie, Band 58, 2015, S. 5.

20 Lohmann-Haislah, Andrea, Bundesanstalt für Arbeitsschutz und Arbeitsmedizin, Stressreport Deutschland 2012 - Psychische Anforderungen, Ressourcen und Befinden, Dortmund/Belrin/Dresden 2012.

21 Höhmann, Ingmar, "Gesunde Aggressivität gehört dazu", in Harvard Business Manager, Heft 2/2013.

22 Sportclub Stars: Oliver Kahn, Norddeutscher Rundfunk, Sendung vom 13. November, 23.15 Uhr.

23 Grillenberger, Markus (mag), Ibrahimovic: "Zehnmal so gut wie jeder andere", in: Kicker, 10.11.2015, http://www.kicker.de/news/fussball/em/

startseite/638981/artikel_ibrahimovic_"zehnmal-so-gut-wie-jeder-andere html(zugegriffen am 30.11.2015).

24 Coelho, Miguel, et al., Fission yeast does not age under favorable conditions, but dose so after stress, in: Current Biology, 23(19), 2013, S. 1844-1852.

25 Natterson-Horowitz, Barbara; Bowers, Kathryn, Wir sind Tier - Was wir von den Tieren für unsere Gesundheit lernen können, München 2014, S. 22-29.

26 Grün, Gianna, Stress als Motor der Evolution, in: Handelsblatt, 25. September 2008 | NR. 187, S. 9.

27 Maier, Tobias, Sittenlose Luder werden von Anstandsdamen richtig erzogen, in: WeiterGen/ScienceBlogs, http://scienceblogs.de/ weitergen/2010/07 (zugegriffen am 20.11.2015).

28 Rutherford, Suzanne; Lindquist, Susan, Hsp90 as a capacitor for morphological evolution, in: Nature, 396 (6709), 1998, S. 336-342.

29 Linneweh, Klaus, Stresskompetenz, Weinheim und Basel 2002, S. 22.

30 Kaluza, Gert, Gelassen und sicher im Stress, Berlin Heidelberg 2013, S. 21.

31 O'Leary, Maureen A., et al., The Placental Mammal Ancestor and the Post-K-Pg Radiation of Placentals, in: Science, 339 (6120), 2013, S. 662-667.

32 Schnabel, Ulrich, Wir Weltgärtner, in: Die Zeit, Nr. 3/2013.

33 Dirzo, Rodolfo, et al., Defaunation in the Anthropocene, in: Science, 345 (6195), 2014, S. 401-406.

34 Spitzer, Manfred, Rotkäppchen und der Stress, Stuttgart 2014, Seite 1 ff.

35 Robert M. Sapolsky, Mein Leben als Pavian - Erinnerungen eines Primaten, München 2001.

36 Williams, Neil, Structural Failure, in: Flight International, 18. Juni 1970, S. 993-994.

04

37 Williams, Neil, 1970.

38 Wise, Jeff, Hart auf hart: Menschen in Extremsituationen oder was mit uns passiert, wenn wir in Panik geraten, München 2010, S. 13 ff.

39 Williams, Neil, 1970.

2장 ― 과학으로 스트레스 설명하기

40 Linneweh, Klaus, Stresskompetez, Weinheim und Basel 2002, S. 23.

41 Jänicke, Lutz, Ist das Hirn vernünftig, Bern 2015, S. 282.

42 Max-Planck-Institut für Kognitions- und Neurowissenschaften, 2011, http://www.cbs.mpg.de/press/foci/grey (zugegriffen am 2.12.2015).

43 Max-Planck-Institut für Kognitions- und Neurowissenschaften, 2011.

45 Merskey, Harold; Bogduk, Nikolai, Classification of Chronic Pain, Second Edition, Part : Pain Terms, A Current List with Definitions and Notes on Usage, Seattle 1994, S. 209-214.

46 Selye, Hans, A syndrome produced by diverse nocuous agents, in: Nature 138, 1936, S. 32.

47 Linneweh, S. 22.

48 Heinrichs, Markus; Stächele, Tobias; Domes, Gregor, Stressbewältigung und Burnoutprävention, Göttingen 2015, S. 21.

49 Lazarus, Richard S., Folkman, Susan, Stress, appraisal, and coping. New York 1984.

50 Dickerson, Sally S.; Kemeny, Margaret E., Acute stressors and cortisol responses: a theoretical integration and synthesis of laboratory research, in: Psychological Bulletin, 130(3), 2004, 355-391.

51 Kaluza, Gert, 2013, S. 24.

52 Sapolsky, 2001.

53 Chetty, Sundari, et al., Stress and glucocorticoids promote oligodendrogenesis in the adult hippocampus, in: Molecular Psychiatry 19, 2014, S. 1275-1283.

54 Sainani, Kristin, What, Me Worry?, in: Stanford Magazine, May/June 2015, http://alumni.stanford.edu/get/page/magazine/article/?article_id=70134 (zugegriffen am 2.12.2015).

55 Global Burden of Disease Study 2010, in: The Lancet, 380 (9859), 2012, S. 2053-2260.

56 Osborn, Jody; Derbyshire, Stuart W. G., Pain sensation evoked by observing injury in others, in: Pain, Nr. 148, 2010, S. 268-274.

57 Derbyshire, Stuart W. G.; Osborn, Jody; Brown, Steven, Feeling the pain of others is associated with self-other confusion and prior pain experience, in: Front Hum Neurosci., Nr. 7, 2013, S. 470 ff.

58 Mason, John W., Psychological influences on the pituitary-adrenal cortical system, in: Recent Progress in Hormone Research, Nr. 15, 1959, S. 345-389.

59 Lazarus, Richard S., Stress and Emotion. A new Synthesis, London 1999, S. 77.

60 Shafy, Samiha, Wenn die Hirnmasse schrumpft, in: Spiegel Wissen 1/2011, S. 28-33.

61 Neubauer, Katrin, Risiko für Depressionen: Stress in der Schwangerschaft hinterlässt Spuren im Baby-Hirn, in: Spiegel Online, 18.10.2013, http://www.spiegel.de/gesundheit/schwangerschaft/stress-in-derschwangerschaft-hinterlaesst-spuren-im-gehirn-a-928555.html (zugegriffen am 4.12.2015).

62 Wise, Jeff, 2010, S. 30.

63 Sorge, Robert E., et al., Olfactory exposure to males, including men, causes stress and related analgesia in rodents, in: Nature Methods 11, 2014, S. 629-632.

64 Herman, Erno J., et al., Dynamic adaptation of large-scale brain networks in response to acute stressors, in: Trends in Neuroscience, 37(6), 2014, S. 304-14.

65 Henry, J. D., and Rendell, P. G. (2007). A review of the impact of pregnancy on memory function. Journal of Clinical and Experimental Neuropsychology, 29, 793-803.

66 Levecke, Bettina, Erinnerungslücken: Warum schwanger sein vergesslich macht, in: Spiegel Online, 19.11.2015, http://www.spiegel.de/gesundheit/schwangerschaft/schwangerschaftsdemenz-keine-demenz-nur-ein-anderer-fokus-a-1063623.html (zugegriffen am 7.12.2015).

67 Tschechow, Anton, Ein Scherz, in: Vom Regen in die Traufe-Kurzgeschichten, Berlin 1964, S. 497-501.

68 Drimalla, Hanna, Gedächtnis unter Strom, 2011, www.dasgehirn.info/denken/gedaechtnis/gedaechtnis-unter-strom (zugegriffen am 6. 12. 2015).

69 Drimalla, 2011.

3장 — 공포는 우리에게 무엇을 주는가

70 zitiert nach: Wikipedia, https://de.wikipedia.org/wiki/Fritz_Honka (zugegriffen am 29.12.2015).

71 Fritz Honka: Die Bestie von Altona, in. hamburger Morgenpost, 26. 6. 20111, http://www.mopo.de/hamburg/morde-in-altona-fritz-honka-diebestie-von-altona-17336694 (zugegriffen am 29.12.2015).

72 Kriminell durchs Viertel!, ST. PAULI TOURIST OFFICE Online, http://

www.pauli-tourist.de/index.php?article_id=11&clang=0 (zugegriffen am 29.12.2015).

73 Grüling, Birk, Serienmörder, Psychopathen und die Faszination des Bösen, in: fluter, Magazin der Bundeszentrale fur politische Bildung, 20.1.2014; http://www.fluter.de/de/130/thema/12265/ (zugegriffen: 22.12.2015).

74 Grüling, 2014.

75 Jonathan Gottschall, Der Kitzel des Bösen, in: NZZ Folio, Nr. 271, 2/2014, S. 26-29.

76 Kühn, Alexander; Rosenbach, Marcel, Das Grauen am Abend, in: Der Spiegel 29/2013, S. 126-128.

77 Borgards, Roland, Das Licht ward entfernt . Zur Literatur der schwarzen Romantik, in: Krämer, Felix (Hg.), Schwarze Romantik. Von Goya bis Max Ernst, 2012, S. 274.

78 Jonathan Gottschall, Der Kitzel des Bösen, in: NZZ Folio, Nr. 271, 2/2014, S. 26-29.

79 Gottschall, 2014.

80 Adler-Olsen, Jussi, Erbarmen, München 2001.

81 Selbst übersetzt aus: Baxter 1997, p. 302. Baxter, John (1997). Stanley Kubrick: A Biography. HarperCollins. ISBN 978-0-00-638445-8.

82 http://www.spiegel.de/einestages/the-shining-von-stanley-kubrick-derperfekte-horrortrip-a-1033873.html.

83 François Truffaut: Mr. Hitchcock, wie haben Sie das gemacht?, Heyne, München 2003, ISBN 3-453-86141-8.

84 http://www.welt.de/kultur/article142954402/Der-weisse-Hai-hat-uns-fuer-immer-traumatisiert.html, 24.06.15.

85 http://www.imdb.com/title/tt0185937/business?ref_=tt_dt_bus.

86 https://www.youtube.com/watch?v=65Ore3Ll9DU.

87 http://www.zeit.de/2012/17/Museumbesuch-Studie/komplettansicht.

88 Tröndle, Martin / Tschacher, Wolfgang (2012). The Physiology of Phenomenology: The Effects of Artworks. Journal of Empirical Studies of the Arts, Vol. 30(1) 79-117, 2012. Full text: http://www.mapping-museum-ex-perience.com/sites/default/files/Troendle_Tschacher_2012_ESotA.pdf.

89 DIE ZEIT N°17/2012, Von Hanno Rauterberg http://www.zeit.de/2012/17/Museumbesuch-Studie.

90 http://www.zeit.de/2014/36/marina-abramovic-london/seite-2.

91 http://link.springer.com/article/10.1007%2Fs004510050066#page-1. Vgl. auch Annette Kluitmann: Es lockt bis zum Erbrechen - Zur psychischen Bedeutung des Ekels; Forum der Psychoanalyse (1999) 15:267-281, Springer Verlag.

92 zitiert nach: Angst, S. 206.

93 Quelle: DIE ZEIT, 37/2000 http://www.zeit.de/2000/37/Reise_durch_Mark_und_Bein/komplettansicht.

94 https://www.youtube.com/watch?v=9_PkDVQ3R20.

95 Interview mit Christoph Dallach, Jörg Böckem, Der Spiegel, 5. Mai 2003, helnwein.de.

96 http://goldfische.kaltwasseraquaristik.de/meldungen.htm http://www.tagesanzeiger.ch/kultur/kunst/Die-skandaloesesten-KunstPerformances/story/30069002.

97 http://www.spiegel.de/kultur/gesellschaft/tierversuch-kuenstler-laessthund-verhungern-a-512799.html http://www.tagesanzeiger.ch/kultur/kunst/Die-skandaloesesten-KunstPerformances/story/30069002.

98 http://www.spiegel.de/kultur/gesellschaft/tierversuch-kuenstler-laessthund-verhungern-a-512799.html.

99 http://www.spiegel.de/kultur/gesellschaft/tierversuch-kuenstler-laessthund-verhungern-a-512799.html.

100 http://www.srf.ch/play/tv/kulturplatz/video/magersucht-als-kunst-wiedie-raeven-zwillinge-gegen-den-koerperkult-protestieren?id=95185e06c1e1-4867-83de-14b2f0d13898 SRF: Schweizer fernsehen. Kulturplatz, 17.01.2007, 12:00 Uhr.

102 http://www.kunstaspekte.de/la-raeven-ideal-individuals-2013-11/.

103 ZEIT Wissen Nr. 1/2012 http://www.zeit.de/zeit-wissen/2012/01/Psychologie-Musik.

104 http://www.tagesanzeiger.ch/kultur/pop-und-jazz/Zur-Folter-missbrauchte-HardrockSongs/story/27288534.

105 http://www.stern.de/politik/ausland/musik-als-folter-die-greatest-hitsvon-guantanamo-3746766.html.

106 DER SPIEGEL 2/2010 http://www.spiegel.de/spiegel/print/d-68621931.html.

4장 — 스트레스가 힘이 되는 사람들

107 IGES Institut, Belastung durch chronischen Stress . Sonderauswertung der Befragung der DAK-Gesundheit im Rahmen des Schwerpunktthemas 2014 - "Rushhour des Lebens", Berlin 2014, http://www.dak.de/dak/download/Belastung_durch_chronischen_Stress_Sonderauswertung-1432950.pdf (zugegriffen am 29.12.2015).

108 Albrecht, Harro, Erschöpfungsdepression: Burn-out, in: DIE ZEIT, Nr. 49/2011.

109 Arbeitslose sind gestresster als Manager, in: Süddeutsche Zeitung Online, 17. Juni 2014, http://www.sueddeutsche.de/karriere/

dak-gesundheitsreport-arbeitslose-sind-gestresster-als-leitende-angestellte-1.2004280 (zugegriffen am 29.12.2015).

110 Blech, Jörg, Die Heilkraft der Mönche, in: Der Spiegel, 48/2008, S. 144-156.

111 Sainani, Kristin, What, Me Worry?, in: Stanford Magazine, May/June 2014, https://alumni.stanford.edu/get/page/magazine/article/?article_id=70134 (zugegriffen am 29.12.2015).

112 Shermana, Gary D., et al., Leadership is associated with lower levels of stress, in: PNAS, 109 (44), 2012, S. 17903-17907.

113 Sapolsky, Robert, Mein Leben als Pavian, Berlin 2001.

114 Sainani, 2014.

115 Rigos, Alexandra, Affen am Rande des Nervenzusammenbruchs, in: Brand eins, Ausgabe 05/2001, S. 134 ff.

116 Dammann, Uwe, "Wir finden den Stress geil", in: Weser-Kurier Online, 15.06.2015, http://www.weser-kurier.de/startseite_artikel,-"Wir-findenden-Stress-geil"-_arid,1145634.html (zugegriffen am 26.12.2015).

117 Brauck, Markus; Wolf, Martin, "Ich bin gesichtstechnisch nicht fürs HD-Fernsehen gemacht", in: Spiegel Online, 11. Dezember 2015, http://www.spiegel.de/kultur/tv/heute-show-oliver-welke-ueber-satire-in-zeiten-des-terrors-a-1067178.html (zugegriffen am 29.12.2015).

118 Wehrle, Martin, Wie Sie Arbeitsstress positiv nutzen, in: volksfreund.de, 22.7.2013, http://www.volksfreund.de/nachrichten/kolumnen/archiv/Kolumnen-Archiv-Kolumne-Karriereberater-Wie-Sie-Arbeitsstress-positiv-nutzen;art320335,3591785 (zugegriffen am 29.12.2015).

119 Weltbank, 2016, http://data.worldbank.org/indicator/SP.RUR.TOTL.ZS (zugegriffen am 1.1.2016).

120 Simmel, Georg, Die Großstädte und das Geistesleben, in: Die Großstadt. Vorträge und Aufsätze zur Städteausstellung, Jahrbuch der Gehe-Stiftung Dresden, Band 9, Dresden 1903, S. 185.206, http://gutenberg.spiegel. de/buch/die-grosstadte-und-das-geistesleben-7738/1 (zugegriffen am 1.1.2016).

121 Scheffler, Karl, Berlin - ein Stadtschicksal, Berlin 1910, S. 266.

122 Van Os, Jim et al., The environment and schizophrenia, in: Nature 468, 203-212, Published online 10. 11. 2010, http://www.nature.com/ nature/journal/v468/n7321/full/nature09563.html (zugegriffen am 30.12.2015).

123 Lederbogen, Florian Peter et al., City living and urban upbringing affect neural social stress processing in humans, Nature 474, 498-501, Published online 22. 6. 2011 http://www.nature.com/nature/journal/ v474/n7352/full/nature10190.html (zugegriffen am 30.12.2015).

124 Wenn das Großstadtleben krank macht, in: Kölner Stadt-Anzeiger Online, 7.9.2013, http://www.ksta.de/gesund-fit/-stress-einsamkeitwenn-das-grossstadtleben-krank-macht,15938554,24230018.html (zugegriffen am 30.12.2015).

125 Hemmerich, Malte, Lustig dröhnt der Gesang der Städte, in: Frankfurter Allgemeine Zeitung Online, 22.9.2014, http://www.faz.net/aktuell/ feuilleton/goebbels-surrogate-cities-ruhr-in-duisburg-13167374.html (zugegriffen am 30.12.2015).

126 Kobilo, Tali, et al., Endurance factors improve hippocampal neurogenesis and spatial memory in mice, in: Learning Memory, 2011/18, S. 103-107.

127 Agudelo, Leandro Z., et al., Skeletal Muscle PGC-1a1 Modulates Kynurenine Metabolism and Mediates Resilience to Stress-Induced Depression, in: Cell, online 25. September 2014.

128 Blech, Jörg, Schlaulaufen, in: Der Spiegel, 32/2015, S. 90-97.

129 Was bringt das Intervall-Training HIT?, in: Kölner Stadt-Anzeiger-Online, 29.8.2014, http://www.ksta.de/gesund-fit/statt-ausdauer-was-bringt-das-intervall-training-hit-,15938554,28259308,item,0.html (zugegriffen am 2. 2. 2016).

130 De Quervain, Dominique J.-F., Glucocorticoids enhance extinction-based psychotherapy, in: PNAS, 108 (16), 2011, S. 6621-6625.

131 Soravia, Leila M. et al., Glucocorticoids reduce phobic fear in humans, in: PNAS, 103(14), 2006, S. 5585-5590.

132 De Quervain, Dominique J.-F., et al.: Glucocorticoids enhance extinction-based psychotherapy, in: PNAS, Vol. 108 (16), 2010, S. 6621-6625.

133 De Quervain, Dominique J.-F.; Margraf, Jürgen, Glucocorticoids for the treatment of post-traumatic stress disorder and phobias: A novel therapeutic approach, in: European Journal of Pharmacology 583, 2008, S. 365-371.

134 Lenzen, Manuela, Mit Stress besser verlernen?, in: das Gehirn.info, 01.10.2014, https://www.dasgehirn.info/handeln/verlernen/mit-dem-stresshormon-cortisol-und-stresstests-erkunden-forscher-ob-stress-beim-ver-lernen-helfen-kann-4494?searchterm=Stress (zugegriffen am 2.2.2016).

135 Walter, Marc; de Quervain, Dominique, Effects of cortisol administration on craving in heroin addicts, in: Translational Psychiatry, 2015/5, http://www.nature.com/tp/journal/v5/n7/pdf/tp2015101a.pdf 5 (zugegriffen am 10.1.2016).

136 Universitat Bonn, Wie das Gehirn Fettgewebe kontrolliert, Pressemitteilung vom 19.11.2014, https://www.uni-bonn.de/Pressemitteilungen/ 271-2014 (zugegriffen am 2.2.2016).

137 Williams, Sarah C. P., Severe stress creates more healthy fat, in: Science Online, Aug. 5, 2015, http://news.sciencemag.org/biology/2015/08/ severe-stress-creates-more-healthy-fat (zugegriffen am 2.2.2016).

138 Sainani, Kristin, What, Me Worry?, in: Stanford Magazine, May/June 2015, https://alumni.stanford.edu/get/page/magazine/article/?article_id=70134 (zugegriffen am 2.12.2015).

나가는 말

139 Blech, Jörg, Die Heilkraft der Mönche, in: Der Spiegel, 48/2008, S. 144-156.

140 Liston, Conor, Psychosocial stress reversibly disrupts prefrontal processing and attentional control, in: Pnas, Vol. 106 (3), 2008, S. 912-917.

141 Blech, 2008.

142 Niejahr, Elisabeth, "Stress gehört zum guten Leben", in: DIE ZEIT Nr. 34/2015.

143 Taleb, Nassim Nicholas: Antifragilität, München 2013, S. 65.

144 Taleb 2013, S. 92.

옮긴이 장혜경

연세대학교 독어독문학과를 졸업했으며 같은 대학 대학원에서 박사 과정을 수료했다.
독일 학술교류처 장학생으로 하노버에서 공부했다. 전문 번역가로 활동 중이며
《행복한 나라의 조건》,《나는 왜 무기력을 되풀이하는가》,《나무 수업》,《동물의 사생활과
그 이웃들》,《철학하는 여자가 강하다》,《감정을 읽는 시간》,《상식과 교양으로 읽는
유럽의 역사》 등 다수의 인문 교양서를 우리말로 옮겼다.

스트레스는 어떻게 삶을 이롭게 하는가

첫판 1쇄 펴낸날 2017년 9월 28일

지은이 우르스 빌만
옮긴이 장혜경
발행인 김혜경
편집인 김수진
책임편집 이은정
편집기획 김교석 이다희 백도라지 조한나
디자인 박정민
경영지원국 안정숙
마케팅 문창운 노현규
회계 임옥희 양여진 김주연

펴낸곳 (주)도서출판 푸른숲
출판등록 2003년 12월 17일 제406-2003-000032호
주소 경기도 파주시 회동길 57-9, 우편번호 10881
전화 031)955-1400(마케팅부), 031)955-1410(편집부)
팩스 031)955-1406(마케팅부), 031)955-1424(편집부)
홈페이지 www.prunsoop.co.kr
페이스북 www.facebook.com/simsimpress   인스타그램 @simsimbooks

ⓒ푸른숲, 2017
ISBN 979-11-5675-708-5 (03180)

심심은 (주)푸른숲의 인문·심리 브랜드입니다.

* 잘못된 책은 구입하신 서점에서 바꾸어 드립니다.
* 본서의 반품 기한은 2022년 9월 30일까지 입니다.

이 도서의 국립중앙도서관 출판시도서목록(CIP)은 e-CIP 홈페이지(http://www.nl.go.kr/ecip)와
국가자료공동목록시스템(http://www.nl.go.kr/kolisnet)에서 이용하실 수 있습니다. (CIP2017022029)